LEE特別編集

心も整う
「捨てる」ルールと「しまう」ルール

整理収納アドバイザー
中山真由美

はじめに

整理収納アドバイザーの仕事を始めて5年。これまでに
1000軒以上ものお宅を訪ね、片づけの手伝いをしてきました。

私たちの仕事は、お客様のお宅を訪ねて悩みをうかがい
「片づかない理由」をいっしょに解決すること。
そして、美観を保ちながら、出し入れしやすいように物を収め、
その状態を維持できるようにアドバイスすることです。
一方的に部屋をキレイにして終わり、ではありません。

「80㎡のマンションを4800万円で購入されて、
今、6畳分のスペースを不要なものが占拠していますよね。ということは、
約600万円を不要なものに払っていることになりませんか？」

片づけベタで、なかなか物を捨てる決心がつかないお客様には、
具体的な数字で現状を理解してもらうようにしています。

多くのお宅を訪ねてわかったのは、大量の物の中で自分らしさを見失い、
ストレスを抱えて生きている人が、いかに多いかということ。

この本は、私が整理収納の現場経験を積む中で生まれた
実践的なノウハウ＝「捨てる」ルールと「しまう」ルールを、
女性誌『LEE』の読者実例をまじえながら、わかりやすくまとめたものです。

みなさんもこの本を参考にして、ぜひ片づけに取り組んでください。
そして、物に振りまわされることなく、
いつも穏やかな気持ちでいられる生活を手に入れてください！

整理収納アドバイザー　中山真由美

CONTENTS 目次

Part 4

Part 1

片づけられない歴30年の
私だから言える

「片づけが人生を変える!」

汚部屋の住人から
カリスマ整理収納アドバイザーへ

「片づけで私の人生は変わりました」

子供の頃から片づけが苦手。部屋はいつもゴチャゴチャでした

子供の頃からずっと片づけることが苦手で大嫌い、部屋の中はいつもぐちゃぐちゃに散らかっていました……。

32歳で整理収納アドバイザーになるまでの自分について、正直にこうお話しすると、みなさん、とてもびっくりされます。当然ですよね、整理収納アドバイザーといえば片づけのプロですし、この仕事をしている人には、子供の頃から「整理整頓が大好き」で、「部屋の中がスッキリしてないとダメ」と語る人が大勢います。仲間と昔話をすると、「うわ、みんなすごいな、恥ずかしい！」と思います。でも、片づけが大嫌いだった私の過去をお話しすることで、「片づけベタでも整理収納上手になれる」「誰でもスッキリした暮らしを手に入れられる！」と、みなさんに自信と勇気を持ってほしい。そして、片づけを好きになってもらえたら……と思うのです。私が〝整理収納〟の分野でがんばろう、と決心するまでの道のりにしばしお付き合いください。

子供の頃、サラリーマンの父、専業主婦の母、4歳違いの妹と4人で2DKの社宅に住んでいました。一般的な家庭では、夕飯の時刻になるとお母さんが「ごはんよ〜、おもちゃを片づけなさい」と言うと思いますが、私の家の場合、片づけるのはおもちゃではなく、食卓に積まれた新聞や書類、文具のような雑多なもののこと。料理を並べるために、山積みになったものをズズーっと食卓の端に寄せるのが、わが家の夕食時の光景でした。つまり、私の母も超片づけベタな人だったのです！　ただ、今は母も私の影響を受けて、すっかり片づけ好きに変わりましたが。

ある日、同じ社宅で暮らすA子ちゃん

Mayumi Nakayama

中山真由美

インブルーム（株）取締役、整理収納サービス事業部責任者。整理収納アドバイザーとして、個人からマンション・不動産業までの収納コンサルティングや、セミナー講師などを行っている。子供の頃からの「捨てベタ」「しまいベタ」を克服し、今や予約のとれないカリスマ整理収納アドバイザーとして活躍中。

の家に遊びに行くことになりました。わが家と同じ間取りなのに、彼女の家は物が少なくてとてもキレイなのです。「なぜA子ちゃんの家はキレイなの、うちはどうして汚いの？」と母にたずねると、「A子ちゃんはひとりっ子でしょ、わが家には子供が2人いるからしかたないの。それに汚いからって死ぬわけじゃないでしょ!?」と言うんです。大人になれば、そんなはずないってわかりますよね（笑）。幼かった私は「私んちはしかたないんだ」と自分を納得させつつも、何かもやもやとしたものを感じていました。

それ以降、元来のめんどくさがりに拍車がかかった私は、帰宅するとランドセルを勝手口に放り投げて遊びに行く、脱いだ服はそのへんに置きっぱなし……と汚部屋の住人まっしぐら。だって私のスペースがなかったんですもの。

中学生になり、母方の実家に引っ越して、妹と2人でひと部屋を共有することになっても、「妹といっしょなんて!!」とガッカリな気持ちもあり、部屋が汚くてもおかまいなしです。さらに、汚さに慣れてしまった高校時代は最悪。置きっぱなしにしてカビが生えた麦茶を、当時のボーイフレンドに目撃されてしまうような、かなり恥ずかしい暮らしをしていました。

中山真由美さんヒストリー

1974年 0歳	神奈川県横須賀市生まれ。高校卒業後はホテル業界に就職。その後、金融会社に転職する。
1995年 21歳	結婚。2DKのアパートで暮らす。
1996年 22歳	自分の親と二世帯住宅で暮らすようになる。
1997年 23歳	長女出産。退職。
2000年 26歳	長男出産。
2004年 30歳	離婚。住宅メーカーに派遣社員として社会復帰。
2005年 31歳	インブルーム（株）に転職。
2006年 32歳	自宅の片づけを機に、片づけに本格的に目覚める。整理収納アドバイザー2級を取得し、インブルーム（株）に整理収納サービスの部門を立ち上げる。
2008年 34歳	現場での作業を経て、整理収納アドバイザー1級を取得。
2010年 36歳	『LEE』4月号に初登場。大反響を呼び、11月号にも第2弾の特集が組まれる。
2011年 37歳	『LEE』11月号に第3弾となる特集が組まれる。初の著書『心も整う「捨てる」ルールと「しまう」ルール』を刊行。

収納に目覚めたものの、さらに物が増えて、空き部屋が倉庫に！

ずぼらが原因で恋愛がうまくいかない、そんな悲しい経験をしながらも21歳で結婚が決まり、2DKのアパートで新生活が始まります。「これで今までの汚い部屋から脱出できる！」と考えた私はインテリアに力を入れるのですが、またまた問題が！　さほど広くないアパートに4人がけのソファ、ダブルベッド、ダイニングテーブル、さらには両親から贈られた婚礼箪笥が3つも並び、人が暮らすというよりまるで家具置き場です。

物が多すぎて片づかず、大事なものがしばしば行方不明になります。ついにある日、婚約指輪を紛失するという大事件が勃発。「ない！　どこにもない！」と焦る気持ちを抑えて探しても、やっぱり見つかりません。しかたなく仕事に出かけて、不安と情けなさでいっぱいの一日を過ごし、帰宅後、家中を探してみたけれど、やはりありません。後日、箪笥の引き出しの中で指輪を見つけました。箪笥の上に置いた指輪が何かの拍子に開けっ放しの引き出しに落ちた、でも、中があまりにゴチャゴチャで、小さなものを見

「汚部屋」時代の中山さん宅

「ゾーニング※失敗例の見本のような、昔のリビングです。キッチンとローテーブルの間を仕切る形でソファを置いたせいで、キッチンと、テレビのあるくつろぎゾーンの間を行き来しにくくなって。テレビを見ながら食べたお菓子や飲み物のコップが、テーブルによく置きっぱなしになっていました」

「2DKのアパートから、両親との二世帯住宅に引っ越して広い居住空間を得たものの、相変わらず片づかない日々を送っていました。写真の右下に見える赤い物体は電子レンジです。床置きしていたので、後ろの壁がうっすら黒くなっています。恥ずかしながら、レンジの置き場所さえわからない私でした」

つけることができなかったんです。

長女が生まれてからはますます物が増えるのですが、次第に私は収納について関心を持つようになりました。というのも、ママ友達の家におじゃまして、彼女の家がびっくりするほどきれいだったからです。「タオルを貸してもらえる？」と聞けば「洗面台の左側2番目の引き出しにあるから」と、置き場所まで細かく把握してる。そして、中にはタオルがビシッと美しく並んでいます。友達が私の家に遊びに来ても「その引き出しにある」なんて、とても言えません。だって中がグチャグチャなんですから。

その時、私は閃きました。取り組むべきなのはインテリアじゃなく収納だったんだ。今度こそ、スッキリ暮らすぞ！と気分は大盛り上がり。さっそく収納の情報を集め、100円グッズや通販の便利グッズを山ほど購入して収納に取り組みます。それで結果はどうだったかというと、結局、物がさらに増えただけ。その頃には私の両親との二世帯住宅に引っ越していたので、増えたものを空き部屋とクロゼットに押し込み、使わないものだらけの倉庫をつくりあげていました。

「物が散らからないためには、何でも放りこめる大きな空間があればいい、という発想でつくったクロゼットです。積み上げた衣装ケースは開かずのまま、引っ越しした時から開けてない段ボール箱もたくさんありました」

「子供部屋に、と用意しておいた空き部屋が、ガラクタにどんどん浸食されて、倉庫のような状態に。段ボール箱（写真右）の数も半端じゃありません！この頃は、部屋の中も頭の中も、散らかりまくっていました」

※ゾーニング……物や道具を、使う場所のそばに、使いやすく置くこと

今の自宅は こんなにキレイに なりました！

「空間の７割まで、が整理収納の基本ですが、多忙な人は５割程度まで減らすと、物の管理をしやすく家をスッキリ保てます。わが家も、物を５割に減らし、私がいなくても、子供たちが自分で必要なものを見つけられるように、シンプルな収納に改善。片づけにかかる時間の大幅カットを目ざしました」

5割まで物を減らし、働きながら家を整然と保てる〝時短〟収納に

2tトラック1台分の不要品を処分。物があふれた生活とはサヨナラ!

物であふれかえった家には、幸せが寄ってこないのでしょうか。結局、私たちは9年間の結婚生活にピリオドを打つことになりました。

離婚を機に会社員として働き始め、その後、今私が整理収納アドバイザーとして働いているインブルーム(株)の設立に参加。そして、忙しい毎日を送っていたある日、〝整理収納アドバイザー〟の資格を持つBさんという女性と出会います。いったい、どんな資格なんだろう? 興味を覚えてあれこれ話を聞くうちに、私の中でビビッと感じるものがあり、わが家の片づけをお願いすることになりました。小学生になる長男に部屋をつくってあげたい、でも空き部屋が荷物に占拠さ

現在の中山さん宅

「朝は戦争状態で、子供たちに食事をさせながら、合間に化粧をしています。だからメイク用品の置き場も洗面所ではなく、キッチンのバックカウンターの中。使う場所のそばに使うものを、が『しまう』ルールの基本です」

「文具店で買えるファイルボックスを使って取扱説明書や仕事の資料などを分類し、リビングチェストの下段に収納しています。上段のカゴもそうですが、色や形を揃えるのが〝美収納〟のコツです」

れて〝開かずの間〟になっている……こんな状況を解消したかったのです。1日かけて2人で家の中を片づけ、出たゴミの量はなんと2t車約1台分！　荷台いっぱいにゴミを載せたトラックが走り去る光景は、今でも忘れられません。

今でこそ、みなさんに「着ない服にはサヨナラを」「〝いつか〟は結局、来ません」と、あたり前のようにお話ししていますが、当時の私は100％納得して物を処分したわけではありません。「いつか使おうと思って、せっかく取っておいたのに」「あんなに捨てちゃって大丈夫かな」と、心の中では不満と不安がぐるぐると渦巻いていました。

でも時間がたつにつれて、スッキリ片づいていて、どこに何があるかひと目でわかり、出し入れしやすい、そんな生活の便利さ、心地よさがしみじみとわかるようになりました。Bさんが教えてくれたのは、物を捨てることではなく、わが家に不要なものを外に出すこと、今の自分に必要なものをきちんと選ぶことだったのです。

過去の生活にはもう戻りたくない、快適に過ごせるように努力しよう、少しずつでいいから家の中を片づけるぞ！　そして仕事で私がいなくても、子供が自分たちで物を探せる収納にしよう、と心に

「P.11の汚部屋時代には衣装ケースや段ボール箱が山積みになり、〝開かずの間〟化していたクロゼット。今は不要なものを処分し、ラックを使ってバッグや布団を整理、パッと見ただけでどこに何があるかわかります」

「服より空間のほうが多い！と、よく驚かれます（笑）。冬物の長いコートは箪笥に収納していますが、仕事用の服でハンガーに掛けるものはこれで十分。下の衣装ケースには、プライベートで着る衣類を入れています」

強く決めました。

　すっかり整理収納のファンになった私は、整理収納アドバイザー2級の資格を取り、インブルーム(株)に整理収納サービス部門を立ち上げて、現在に至ります。私は常々、「片づけで変わるのは家だけではありません、人生までも変わります」と言っています。まさにその通りで、私の人生は整理収納によって劇的に変化しました。たくさんのお宅に伺って収納についての悩みを解消するお手伝いをし、「中山さんのおかげでスッキリ暮らせるようになった」と喜んでいただけるのです。また、テレビや雑誌の収納特集に参加させてもらったり、セミナーで整理収納の楽しさを大勢の方に伝えることもできます。そのすべてが、私にとって心地よい刺激であり、喜びです。もちろんステキなことが起こるのは、私だけではありません。多くのお客様が、「家がキレイになって家族の会話が増えた」「以前より仕事が楽しめるようになった」「人間関係がスムーズになった」と言ってくださいます。

　物が多くて部屋が汚かった頃の私は、物に振りまわされ、大量のガラクタの山に埋もれて自分が見えなくなっていました。片づかないのは自分のせいなのに、「家が狭いから」「仕事が忙しすぎるから」「みんなが散らかすからダメなんだ」と何かのせいにしては、ストレスをためていたのです。ところが、〝捨てる〟という行為を通じて自分の心と向き合ってみると、「散らかっているのは家じゃない、私の心だったんだ！」ということに気づいて……。それは私にとって、世界が180度変わってしまうような強烈な体験でした。

　整理とは単に物を減らすことではありません。「これは要るもの？　要らないもの？」と問いかけを繰り返して自分を知り、考えをまとめていく。そうやって〝心を整えていく〟ことが、私の提案する「捨てる」ルールなのです。家が片づいていると頭も心もスッキリするので、コミュニケーションがうまくいくし、突然のト

中山さんが実践している「しまう」ルール

「電話機の上の壁に電話番号表やメモを貼るボード、すぐ下の引き出しにはメモ用紙と文具。効率のよい収納がいつも〝キレイ〟を保ちます」

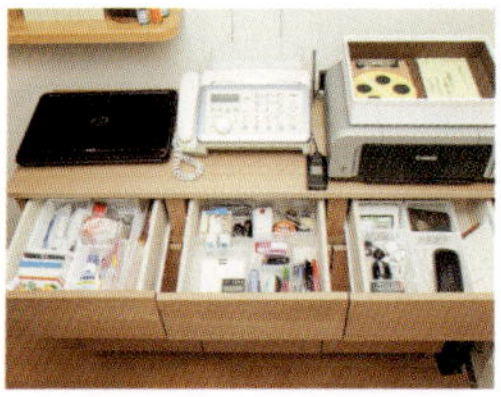

「リビングチェストの引き出しには文具、メモ帳などのリビング雑貨と、外出時に必要なものを収納トレーに分けて収めています」

「食器棚もご覧のように余裕があります。カラの下段は、来客時に見苦しくないようにゴミ箱をしまうスペースとして使っています」

ラブルにも落ち着いた気持ちで対応できるようになります。

また、人生は選択の連続です。要る・要らないという、物を選択するレッスンを繰り返して心を鍛えておくと、仕事や人間関係などについても、自分にとって大切なものと、そうでないものを判断しやすくなります。

整理収納アドバイザー、セミナー講師、そして2人の子供の母親……。今、私は忙しい日々を過ごしていますが、わが家はいつもスッキリとキレイな状態を保っています。仕事でストレスを抱え、汚いわが家にイライラをつのらせることもありません。昔の私を知る人が見たら、びっくりするでしょうね(笑)。

みなさんもぜひ、「捨てる」ルールと「しまう」ルールを実践してください。そして、整った部屋と心を手に入れて、ハッピーな毎日を過ごしましょう!

「物がないとスッキリ見えるので、カウンターの上には調理用具や食器を出しっぱなしにしないことを心がけています。パパッと戻しやすい収納にしているから、4~5分あればいつでもこの状態にできますよ」

「洗面台下はラックで空間を仕切って出し入れしやすく。詰めこみすぎはNGで、洗面用品のストックは各1本までと決めています」

「ひと目で見渡せるように、衣類は手前から奥へと一列に並べて収納。たたんだ"輪"の部分を上にしてしまうとキレイです」

「ヘアクリップなどカラフルなものが多い洗面台の引き出しは、透明なトレイで整理。シュシュをまとめているのはラップの芯です」

「100円ショップで買えるストッカーを使った吊り戸棚収納。お弁当用品などをひとまとめにしておくと、サッと出せて便利です」

Part 2

あなたは「捨てベタ」？
「しまいベタ」？

タイプに合った、
片づけルールと
スケジュールがあります

「捨てベタ」と「しまいベタ」あなたはどちらの片づけベタですか？

多くの家の整理収納を手伝ううちに、片づけが苦手な人にはいくつかタイプがあることがわかってきました。そもそも捨てることができない「捨てベタ」。要る・要らないの判断は早いけどしまうのが苦手な「しまいベタ」。「捨てベタ」な人は、無理して一気に物を捨てようとするより、納得いくまで時間をかけることが片づけを成功させる秘訣です。一方、「しまいベタ」な人は潔く物を捨てて、短時間で集中したほうがいい結果につながります。まずは左のチェックリストで自分のタイプと、それに合った「捨て方」＆「しまい方」を知りましょう。

「捨てベタ」の家

整然とキレイに見えるけど、実は物がパンパンに詰めこまれていて使いにくい、おもちゃの収納（写真右）と、リビングに置かれたチェスト（左）。ギチギチ収納は「捨てベタ」さんの特徴の一つ。物を処分して７割収納を心がけて。

「しまいベタ」の家

物があまり多くなく、空間のゆとりもあるのに、テーブルや棚、床の上に物が散らばっていて雑然と見える……物をあるべき場所に収めるのが苦手な「しまいベタ」にありがちです！　もっと収納スキルを磨いて。

あなたは「捨てベタ」？「しまいベタ」？
質問に答えて自分のタイプをチェック！

Check 1

1	床に物をよく置く	YES	NO
2	収納スペースにはもう余裕がない	YES	NO
3	新しいもの、流行のものが好きで、つい買ってしまう	YES	NO
4	捨てるつもり、あげるつもりで、半年以上たっているものがある	YES	NO
5	クロゼットや押し入れの前に物が置いてある	YES	NO
6	バーゲンなど買い物に行ったら、何か買わないと気がすまない	YES	NO
7	タダのものはとりあえずもらう	YES	NO
8	捨てるのが苦手	YES	NO
9	ストック品は多めにないと安心できない	YES	NO
10	とっておくか迷ったら、とりあえずとっておく	YES	NO
11	つい同じような色や形の服を買ってしまうことがある	YES	NO

YESの数はいくつ？　合計 [　　]

Check 2

1	タオルを何枚持っているかわからない	YES	NO
2	収納は広ければ広いほどよい	YES	NO
3	何が入っているかわからない段ボール箱がある	YES	NO
4	物をよくなくしたり、探しものをすることが多い	YES	NO
5	どこに何をしまっているか、人に説明できない	YES	NO
6	空いた収納スペースがあれば、何か入れたほうがよい	YES	NO
7	よく使うものはすぐ手にとれるよう、外に出しておく	YES	NO
8	“とりあえず”と置いた場所に、そのまま置きっぱなしになることが多い	YES	NO
9	置く場所が決まってないものがある	YES	NO
10	食材を使い忘れて賞味期限を過ぎてしまうことがある	YES	NO
11	収納家具は使いやすさより、デザインや価格で選ぶことが多い	YES	NO

YESの数はいくつ？　合計 [　　]

結果はいかに？
それぞれの数を結んだエリアが
あなたのタイプです

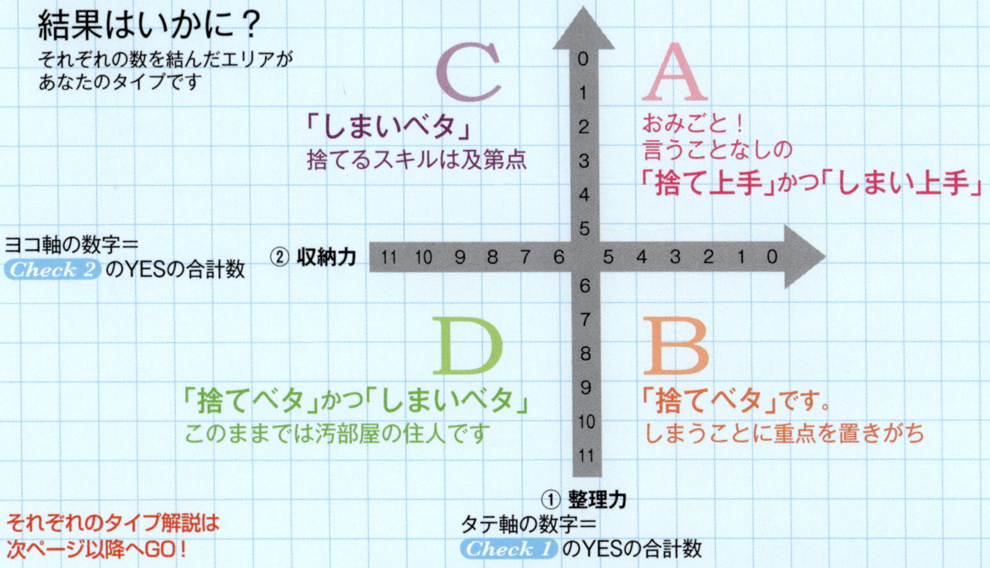

それぞれのタイプ解説は
次ページ以降へGO！

A

「捨て上手」かつ「しまい上手」タイプ

診断

捨てる·しまう、
どちらもまかせてOK!
わが家の整理収納マイスター

今の自分に本当に必要なものがわかっていて、お気に入りだけに囲まれて暮らせる、ステキな「捨て上手」さんです。一つ買ったら一つ減らす努力をしていて、物を減らすためにリサイクルショップを賢く活用。生活動線に合わせて使いやすく物を「しまう」力も高いので、家の中はいつもスッキリと片づいています。だから、突然の来客にもあわてず対応が可能に！

今の状態をキープしつつ、さらに「捨てる」と「しまう」の技術を磨いて、ムダがなく心地よい暮らしを楽しんでください。

中山さん's アドバイス

今は問題がなくても、収納の見直しは定期的に行いましょう。半年に1回、年に1回など期日を決めてわが家の収納をチェック。また、何か一つ買ったら、それに関連する場所の収納を見直すなど、日々のこまめな修正も実践しましょう。進学、就職など家族の誰かにライフスタイルの変化が起こった時も、見直しのグッドチャンスです。

さらに上を目指すなら、夫や子供など家族を巻きこみ、それぞれが自分のものを管理できるような環境づくりも心がけましょう。家族全員が「捨てる」&「しまう」をマスターしてこそ、本当の達人ですから。

B

「捨てベタ」タイプ

診断

収納は上手だけど しまうことに重点を置きがち。 片づけの第一歩は物の処分

家のあちこちに、通販などで買ったアイデア収納グッズが置かれていませんか？　スキ間を見つけると、「ここにも何か入れられる！」と、ウキウキしながら収納用品を詰めこんでいるのでは？　収納が大好きでその技術もあり、大量の品物を上手に「しまう」ことができます。それゆえ、４タイプの中では、物の量が一番多くなっています。

問題は、物が空間にピタッと収まるとそこで満足してしまうこと。出し入れがしやすいか、使う場所のすぐそばに置かれているか、といった「しまう」方法と、「捨てる」方法を学ぶ必要があります。

中山さん's アドバイス

収納力があり、家の中はキレイに片づけられていると思いますが、家の大きさには限界があります。今の生活を続けていくと、やがて物を「しまう」ことができなくなる危険性大！　注意が必要です。

持っているものときちんと向き合い、本当に必要なものを見極める力を身につけましょう。この力がついてくると、家のあちこちに置かれていた収納&アイデアグッズが不要になります。本来必要がなかったものに、どれだけお金と時間をかけてきたかも把握できますよ。不要なものは「捨てる」という発想を身につけてください。

C

「しまいベタ」タイプ

診断

要・不要の判断は早い。あとは、物をスッキリ収めるための「しまう」テクニックを身につけて

捨てることで片づけは解決する、という考え方の持ち主で、物に対する執着があまりありません。〝片づけスイッチ〟が入ると、小気味よいくらいポンポンと不要品を処分していきます。

物が少ないのに、「××がない！」としばしば探しものをすることがあり、その原因は「しまう」力が不足していること。生活動線に即した収納ができてないし、スッキリしたキッチンの引き出しを開けるとカトラリーがごちゃ混ぜ、なんてことも。実は、生活の中にさまざまなムダが潜んでいるのです。

中山さん's アドバイス

やや、物を大事にしない傾向があり、物を買っては捨て……を繰り返したり、必要なものまで捨ててしまって、家族からクレームを受けたりすることがあります。何でもかんでも捨てればOKではなく、もう少していねいに判断することが必要です。

片づけの潜在能力があり、物も少ないので、あとは「しまう」の基本を身につけて物を管理できるようになるのが目標。また、使ったら元に戻す努力もしましょう。

そうやってお金や時間のムダ遣いがなくなると、心のゆとりが増えて、新しいことにチャレンジしたくなります！

D

「捨てベタ」かつ「しまいベタ」タイプ

診断

汚部屋へまっしぐら!?「捨てる」「しまう」の基本から見直して

物を捨てるという概念がまったくありません。無料のものは必ずもらうし、「捨てるなんてもったいない」「いつか使うかもしれない」といって何でもとっておくから、物は増える一方です。

キッチンカウンターのような一時置きしやすい場所には物があふれ、床や階段にも荷物が山積みに。そして賞味期限切れの食品や、重複して買ってしまった雑貨などが家中にゴロゴロ……。すべては捨てられないことに原因があるのに、「もっと大きな空間があれば、片づけが解決するのに」と悶々とした日々を送っています。

中山さん's アドバイス

物が多いうえに置く場所が決まっていないので、外出直前、「××はどこ？」と、しばしば探しものをする。家のどこかにあるのに、すっかり忘れて同じものを買ってしまう。Dタイプの問題点は、このようにお金や時間をかなりムダにしていることです。

本当に必要なものを選ぶための「捨てる」力と、出し入れしやすい収納にするための「しまう」力を身につけましょう。この時、いきなりクロゼットのような大空間に取り組むことは避けて。財布や引き出しのような小スペースの整理から始めて、時間をかけて大きな場所に挑戦してください。

捨てベタさんはじっくり、捨て上手さんはスピーディに。タイプで片づけのスケジュールは変わります

A、Cタイプは、要る・要らないの判断が即座にできます。そして部屋が少しでもキレイになると、「もっとがんばろう！」と意欲が増すのも特徴。片づけにダラダラと時間をかけず、短期決戦で結果を出すようにスケジュールを組みましょう。

B、Dタイプは〝捨てる決断〟に時間がかかる人。無理して一気に捨てようとすると、「捨てなければよかった！」と後悔して、さらに物をためこんでしまう危険が。時間がかかっても大丈夫、納得するまでじっくり悩んで処分してください。

左に、タイプ別の片づけスケジュールを組んでみたので、参考にしてください。現状の写真を撮っておいて見比べると、部屋がキレイになった時の感動が増します！

要る・要らないをすぐに判断できる 捨て上手なA&Cタイプの場合

キッチンの片づけなら、〝5日間で終了〟を目標に

1日目

「共働きなので、手早く料理をつくれるキッチンが理想」など、どんなキッチンにしたいのか、はじめにイメージをつくる。

クロゼットの場合 〝4日間で終了〟を目標に

1日目

「季節ごとの洋服の入れ替えが簡単にできる収納に」など、どんなクロゼットにしたいのか、しっかりイメージをつくる。

しっかり悩んでから捨てたい 捨てベタなB&Dタイプの場合

キッチンの片づけなら、〝1カ月で終了〟を目標に

1～2日目

どんなキッチンで料理をしたら楽しいか、時間をかけてイメージをつくる。特にDタイプは収納力が低いので、今までの収納の問題点をここできちんとチェック。

クロゼットの場合 〝3週間で終了〟を目標に

1～2日目

収納のイメージをつくる。しまうことに重点を置きがちなB、収納力がまだ低いD、どちらも収納が細かくなりすぎないように注意。

2日目

シンクやガスコンロ下のものを全部出し、要るものと要らないものを分けてから、必要なものだけ一旦、戻す。迷ったら、紙袋か段ボール箱に入れて一時保留に(※1)。

3日目

吊り戸棚&食器棚のものを全部出し、要る・要らないをジャッジ。要るものだけ一旦、元に戻す。一時保留や人にあげるものは、紙袋などに入れて分けておく。

4日目

仕分けで残した調理器具や食器類をチェックして収納計画を立て、計画に必要なグッズ(カトラリーを入れるカゴなど)を購入する。

5日目

収納用品を使って調理器具や食器類を収納。生活動線に合わせて、物が見やすく&出し入れしやすいキッチンが完成! しまい方はP.44~45のゾーニングを参考に。

2日目

服、バッグなど中にあるものを全部外に出し、種類別に分けて並べ、要る・要らないを決定。要るものだけ一旦、元に戻す。迷ったもの、誰かにあげるものは一時保留箱へ。

3日目

残ったものに合わせて収納計画を立て、必要なグッズ(衣装ケースなど)を購入する。使いにくかったり傷んだ収納グッズは、この時に全部買い替えるつもりでOK。

4日目

収納用品を使って、衣類やバッグ、ベルトなどを出し入れしやすく収納し直す。どこに何を入れるかはP.56~57のゾーニングを参考に。

※1 迷ったものは3カ月以内に捨てるかどうかを、再度判断

最初の1週間

シンクやガスコンロ下に入っているものを仕分け(全部出す→要る・要らないの判断)して、一旦、元に戻すところまで行う。一気にやらず、引き出し一段から始めて。

2週間目

吊り戸棚や食器棚の中のものをすべて出し、要・不要をジャッジ(※2)。「今日は一番左の戸棚だけ」など、1日でやる量を決めて行うことが片づけを長続きさせるコツ。

次の4~5日間

1日目に収納計画を立て、残りの3~4日で収納用品を購入。手間がかかっても妥協せずに、本当に使いたいと思えるものをゆっくり探すのが、失敗を減らす秘訣。

次の4~5日間

収納用品を使って、調理器具や食器類を入れ直す。はじめはピタッと収まらなくてもOK。おおざっぱに入れておいて、日々少しずつ見直しをして理想の形に近づけて。

最初の1週間

服やバッグ、ベルトなどを全部外に出し、種類別に分けて並べ、要る・要らないを決める。一旦元に戻す。迷ったものや誰かにあげるものは紙袋や箱に分けておく。

2週間目

クロゼットのどの部分に何を入れるか、など収納計画を立て、必要なグッズ(衣装ケース、カゴなど)をリストアップする。グッズ選びは慎重に、時間をかけて。

次の4~5日間

収納グッズを使って、衣類やバッグなどを見やすく&出し入れしやすく収納し直す。衣装ケースなどには、何が入っているかひと目でわかるように、ラベルを貼って。

※2 判断に迷うものは一時保留袋(箱)へ。半年後くらいまでに、再度要る・要らないを判断

Part 3

「捨てる」ルール、
「しまう」ルールとは?

エリア別に実践しながら
解説します

「捨てる」「しまう」ルールで必ず部屋は片づきます

「片づけ」、あるいは「整理整頓」と聞くと、外に散らばっているものを棚や引き出しの中に収めること、と考えていないでしょうか。

家中にあふれかえったものを片づけようとする時、まず大事なのは〝不要なものを捨てる〟ことです。どんなに上手にしまったつもりでも、収納空間に対して適量を超えた服や道具があると出し入れしにくく、すぐ元の状態に戻ってしまいます。そして片づけが苦手なお宅には、必ずびっくりするほど大量の不要品や、収納場所に死蔵されたままのものがあるのです。まずは、収納スペースに見合った量まで物を減らしましょう。そうすれば、物をスッキリ〝しまう〟ことができるし、キレイな状態をキープできます。

ここでは片づけに欠かせない「捨てる」→「しまう」の手順と、基本のルールを説明します。自分が「捨てベタ」か「しまいベタ」なのかを頭に入れて読み進めてください。「捨てる」&「しまう」ルールがわかれば、必ず部屋は片づきますから！

捨てベタの人は
「捨てる」ルールを
中心に

しまいベタの人は
「しまう」ルールを
中心に

捨てベタかつしまいベタの人は
「捨てる」ルールと
「しまう」ルールの
両方を読んで

「捨てる」ルールの考え方

ペン立てを例に実践してみましょう「捨てる」「しまう」ルールの基本

「捨てる」ルール 1

とにかく全部出す

収納場所から物を全部ひっぱり出して床に広げると、「こんなにあったのか！」とその量に圧倒される人がほとんどです。自分がどれだけ持っているのか確認するためにも、まずは全部出しましょう。そして、おおざっぱでいいので種類別に分けて並べてください。

50個以上の筆記用具が。目的のものを探すのに時間がかかるし、必要なものが見つからずに重複買いも起こりがち。キッチン収納などで心当たりのある人もいるのでは？

Start!

ペン立てからクロゼットまで、空間の大きい・小さいにかかわらず、捨て方・しまい方の流れとルールは同じ。ペン立てで基本を学んでおけば、どんな収納にも応用できます。まずは、家のペン立てで実践して！

「捨てる」ルール 2

不要なものを捨てる。考えるのは５秒だけ

１個につき５秒以内で残す・残さないを決めます。とはいえ、慣れるまでは〝捨てる・捨てない〟を決めるのに時間がかかります。まずは「今の自分にとって必要か」「すぐ使う予定があるか」で仕分けを。経験を積むと捨てる判断も５秒でできるようになります。

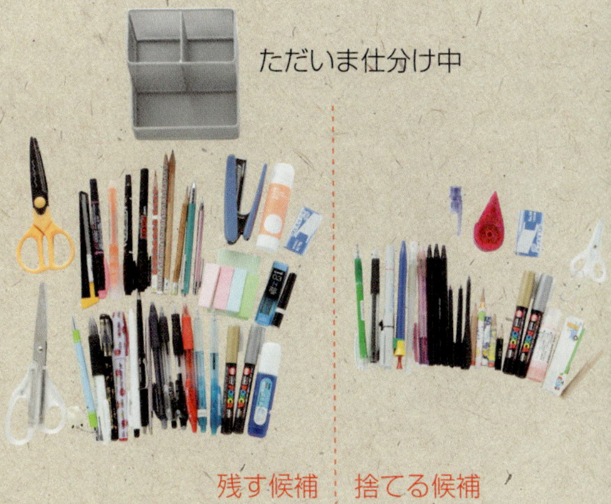

がんばって不要品を仕分けしたつもりでも、残す候補の中に使ってないものがまだ隠れていることがあります。残す候補の条件をさらに絞ってチェックし、出し入れしやすくなるまで数を減らしましょう。

「捨てる」ルール 3

「もったいない」「いつか使うかも」は禁句

「いつか使うかもしれない」「新しいのにもったいない」などの理由で、長い間出番がないものをしまいこんでいませんか？　「いつか」は結局、来ないことが多いし、不要品をしまっている空間にも家賃やローンを払っているのです。スッキリした収納になれば探しものの時間が減り、掃除もラクになります。

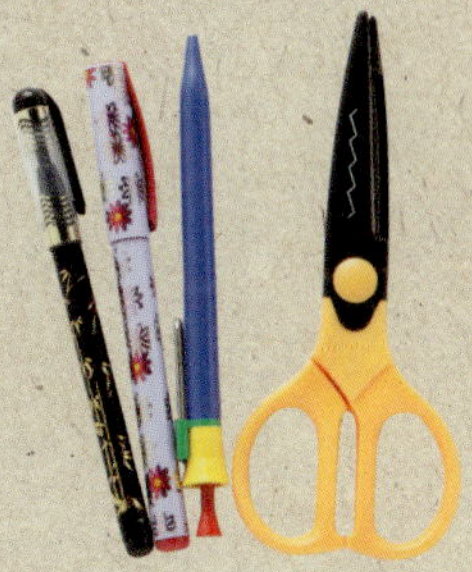

デザインにあきたり、使いにくいボールペンや、買ってはみたものの使ってないギザギザばさみは捨てるグループへ。たくさんあっても結局、使うのはお気に入りの１～２本だし本当に必要なものならすぐに使うはずです。

「捨てる」ルール 4

迷ったら保留にしてOK。ただし保留期間は半年～1年で

すぐに捨てる決断ができないものは、〝一時置き〟の箱や袋を用意し、ひとまずそこに入れます。ただし、保留期間は半年～１年まで、と決めて、必ず中身の見直しを。その期限を過ぎても箱のふたを開けていなければ、そのまま全部処分しても大丈夫です！

数が多すぎるボールペン、同じものが2つ以上あるマーカーペンやのり……。今すぐ必要ないけど、〝いつか使うかもしれない〟と迷ったものは、保留箱に入れて一時保管します。

「捨てる」ルール 5

物の〝捨て時〟を知る

縁のかけたカップやよれよれの服……もう出番がないはずなのに、なぜかしまいこんでいるお宅が多いのです。物には〝捨て時〟があります。傷んだり使い心地が悪くなったりしたら、買い替え時のサイン。長い間働いてくれたことに感謝しつつ手放しましょう。

短くなってしまった鉛筆や、インクが出にくくなったボールペンは書きにくいもの。たとえまだ使えても、捨てる時期が来たと考えて処分します。キャップがなかったり、一部が欠けたりした筆記具も同じように処分。

第1のGoalに到着！

捨てる候補　保留　残す候補

出番が多いボールペンは予備を２本用意、はさみ、蛍光ペンなどのアイテムは各１点ずつ残します。こうして残すもの、保留、捨てるものに分けたところで第１のゴールに到達。次は「しまう」ルールへ。

「しまう」ルールの考え方

「しまう」ルール 1

収納は
空間の７割まで!

クロゼットに洋服がパンパンに入っていると風通しが悪く、服が傷みやすくなります。食器棚に器がぎっしり詰まっていたら、奥のものが取り出しにくいですよね。物の量は空間の７割までがベスト。仕事や趣味で忙しい人は５割収納を目標にしましょう。

空間に余裕があってスッキリしていると、欲しいものがひと目で見つかるし、出し入れしやすいから元に戻すのもラク！「スキ間があるから何か入れよう」はNGです。

「しまう」ルール 2

グルーピングして
物を入れる

手紙を書く時に便せんと封筒、ペン、切手などがひとまとめになっていると便利ですよね。いっしょに使うものを集めることを〝グルーピング〟といい、収納には欠かせないテクの一つです。「封筒が残り少ない」など、買い物のタイミングがわかりやすいのも利点です。

ペン立ても、〝書くもの〟を集めたグルーピング収納です。さらに上段右にペン類＝書くもの、上段左にはさみ、カッター＝切るもの、下にのり、修正液など、ペン立ての中でもグルーピングをして使いやすくしています。

「しまう」ルール 3

使う場所の
すぐそばに。
使える収納がベスト

よい収納の条件の一つが使う場所のそばに使うものがあること。一般的にメイク道具は化粧台や洗面所に置きますが、私は朝食づくりの合間に化粧するのでキッチンが置き場に。時には、収納の常識にとらわれないことも必要。ライフスタイルに合った置き場所を決めて。

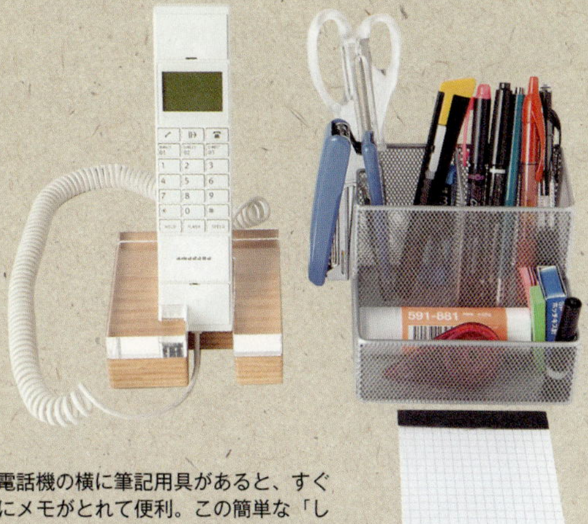

電話機の横に筆記用具があると、すぐにメモがとれて便利。この簡単な「しまう」ルールが、家という大きな空間になるとなぜかわからなくなってしまうのです。もっとシンプルに考えて！

「しまう」ルール 4

収納スペースや
収納グッズを
増やさない

一般的な住宅は全体の２割が収納スペースとなっていて、普通の家庭なら問題なく物が収まります。「ここに棚があればもっと入るのに」と収納を増やすと、空間に余裕ができたぶん、どんどん物が増えていきます。入れ物を増やす前に「捨てる」ルールの実践を！

収納グッズを増やすのはNGです。使わないものを整理することで、はじめからある収納空間に物がスッキリ収まるようにして。

キレイな状態をキープするために日々、心がけてほしいこと

買うは捨てるの始まり。1個買ったら1個処分

どんなものにも寿命や捨て時があり、それは買った時から始まっています。買い物をする時は〝捨てる〟ことの大変さを思い出し、「本当に必要か」じっくり吟味して購入。そして一つ買ったら必ず一つ減らします。不要な試供品などは、もらわない心がけも忘れずに。

物が少ないと、自分が持っているものをきちんと把握できます。「これを買ったら、あの中のどれかを捨てないとダメ」とイメージできるようになれば、安易なムダ買いや重複買いの防止に。

使ったら元に戻す

「戻す」ことができない一番の理由は、棚や引き出しの中に物があふれていて戻しづらいか、そもそも物の指定席が決まってないからです。不要品を処分して置き場所が決まれば、自然と元に「戻す」習慣が身についてくるもの。「戻す」習慣が乱れたら、再び物が増えていないかチェックして収納の再検討を。

グルーピングで物の定位置が決まっていると、使ったものを元に戻すのが簡単！ 収納に使う引き出しやカゴは表にラベルを貼り、中に入っているものがひと目でわかるようにして。

Let's have a Party

「がんばって片づけるぞ！」と、やる気を起こす機会を定期的につくるのもおすすめです。友人・知人を招いてホームパーティをすれば、気合いが入ります。楽しい気分でやることも大事なので、「ここが片づいたらお菓子を買う」など、ご褒美を用意するのも効果的。

これで
いつでも人を
呼べるわね

「片づけの最中にお気に入りの音楽をかけるのも一つの手。気分が盛り上がってはかどりますよ」

これで完成と思わず半年〜1年に1回収納を見直す

子供の進学や、趣味が増えたなど、ライフスタイルの変化によってもベストな収納方法は変わってきます。これでOKと思わずに定期的に見直しを。棚一つ、引き出し一つなど少しずつでいいので、最初の仕分けと同じように中のものを全部出して再検討しましょう。

再仕分けの時も、物を全部出すことが鉄則です。いつの間にか増えたものや、不要品の捨て忘れなどに気づくことができます。

「捨てる」「しまう」ルール実践の前に用意しておきたい9つの道具

途中で足りないものに気づいて買いに出かけたりすると、時間や体力のロスに。
必要なものをチェックして、あらかじめ準備しておくと、仕分け作業を効率よく進められます。

片づけは準備の段階から始まっています。作業に必要な道具類の用意はもちろん、長時間の作業で「もう疲れた」「少し飽きてきた」、と気持ちがだれないように時々休憩時間を入れ、気分を盛り上げる工夫も事前に考えておくとよいですね。

道具は、下の写真を参考にして用意してください。これ以外にも、古本などを縛るヒモやゴミ袋、一時保留に使う箱(袋)、エプロン、マスク、軍手などもあると便利です。自分が住む地域のゴミの分別方法も、前もって確認しておいてください。

整理収納は気力も体力も使う大変な作業です。前日はしっかり睡眠をとり、昼食はあらかじめ用意しておくか、出前をとるようにしましょう。好きな音楽をかけたり、休み時間のおやつに大好きなスイーツを買っておくのも、気分をアゲるのに効果がありますよ。

左から
①ビニールシート。出したものを並べるのに便利　②油性ペン。収納用品に貼ったラベルに中身の品目を書くため　③はさみ。個人情報保護で書類を小さく刻む時などに　④ドライバー。不要になったラックなどの解体に　⑤カッター。袋を開ける、ダンボール箱の解体など　⑥付箋。〝保留〟などの目印に　⑦結束バンド。捨てる電気製品のコードをまとめる時などに　⑧メジャー。収納グッズを買いに行く前に収納スペースを測るのに活躍　⑨ラベル。中身がわかるように入れ物に貼る／輪ゴム。小物をまとめるため

実践ルポで解説！

エリア別
「捨てる」ルールと
「しまう」ルール

Before

キッチン

まずは物の置き場所が明確なキッチンから。使いやすさが変わります！

収納次第で調理のしやすさが断然変わるキッチンは、「捨てるルール」と「しまうルール」の効果を特に実感しやすい場所です。まずキッチンから始めて「捨てる」「しまう」ルールの極意をつかんでください。

調味料がコンロの横に山積み！
冷蔵庫の上も横も物がいっぱい
調理道具で囲まれたコンロ
ラックの上がごちゃごちゃ
引き出しの中には使ってないものがいっぱい
湿気の多いシンク下に食品が

Kitchen

After

物が外に出てないと
こんなに広々、
掃除もラク！

冷蔵庫やコンロ周辺にあった調理道具や調味料類。必要なものは扉の中に収め、要らないものを処分したら、こんなに広くてキレイ！

Kitchen

コンロ下、シンク下、吊り戸棚……

豊富な収納場所には、入れるべきものが決まっています

食器、食材、キッチン用品など、多様なものが集まり、どこに何を入れるか迷う人も多いはず。でもご安心を！「捨てる」ルールと「しまう」ルールに沿って片づければ、動きやすい理想のキッチンが手に入ります。

キッチン収納の大原則は、①よく使うものを手の届きやすい場所に置く、②使う場所のそばに使うものを置く、ことです。

①の手が届きやすい場所とは、腰から目線の高さにある、〝ゴールデンゾーン〟と呼ばれる収納スペース。吊り戸棚の下段や引き出しの上段がこれにあたります。菜箸、へらなどよく使う調理器具や、毎日使う食器類はこのゾーンに収納。これより使用頻度が低くて軽いものは吊り戸棚上段へ、低くて重いものはシンク下など下段へ、と空間を上下水平に使い分けます。

②は空間を垂直に使う収納です。たとえば火にかけるフライパンがコンロ下、水を使うボウルがシンク下にあると、調理の流れがスムーズですよね。

この2つを組み合わせると、自然に物の置き場が決まりますが、使いづらかったら自分の調理動線をしっかり考えること。自分の動きに合った理想のキッチンを完成させてください！

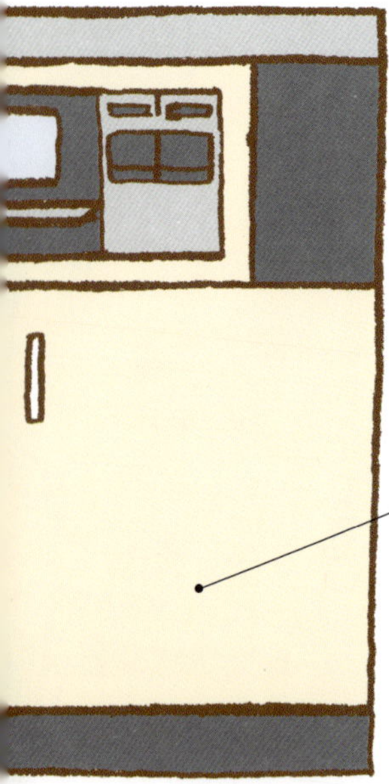

コンロ下

フライパン、鍋、油、コンロの掃除用品など

フライパン、鍋など火を使うものはここに置くと動きがスムーズ。油や掃除道具は収納グッズ（P.108～参照）に入れて収納を。

基本のゾーニング

吊り戸棚

**上段には使用頻度が低く軽いもの、
下段にはよく使う食器、粉もの、乾物など**

下段は食器収納に（食器棚がない場合）。粉もの、乾物類を吊り戸棚ストッカーに入れておいても。上段はセイロなど軽くて使用頻度が低いものを。

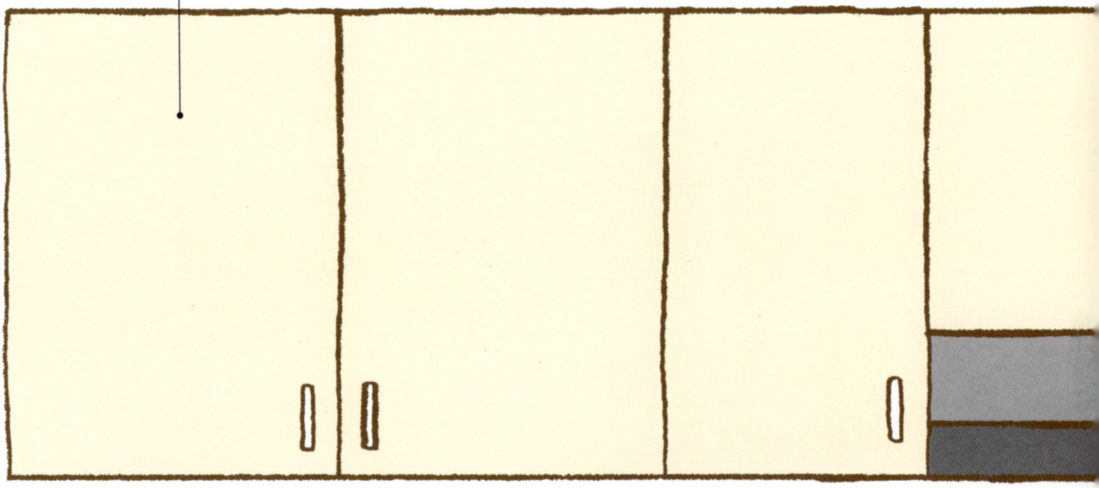

シンク下

**ざる、ボウル、やかん、
パスタ鍋、洗剤**

調理の動線から、シンク下は水まわりで使う鍋やボウルを収納。洗剤類もここが最適。湿気が多いので食品を置くのはNGです。

引き出し

**上の段からよく使う調理器具、カトラリー、
小鉢・小皿、開封ずみの粉だし、ふりかけなど**

最上段には菜箸・トングなどの調理器具を。2段目はカトラリー、3段目に小鉢・小皿（食器棚がない場合）、4段目に開封ずみの粉だし・ふりかけなどを入れます。

冷蔵庫まわり

冷蔵庫の外側を保存用品などの置き場にしがちですが、出しっぱなしは不衛生で見た目も×。すっきりと片づけて。

Before

冷蔵庫の上に物があると、ふとした拍子に落下することがあり危険。側面に物を収納するのも見ばえが悪いし、前がコンロなので火も心配。

ラック

調理家電から食材まで多様な収納に向いています。それだけに雑然としやすいので、〝グルーピング〟で使いやすく。

Before

調味料、ストック食材などを箱でひとまとめにしていますが、もう少し細かく分けて収納したほうが使いやすそう。袋を吊り下げているのも見ばえがよくないです。

Kitchen

エリアごとに「捨てる」「しまう」を徹底して効率よく！

理想のキッチンを手に入れるには、自分が何を求めているかを明確にすることが大事です。今回、ルポした高梨宏子さんは働く主婦なので、何でもパパッと手にとれる〝時短キッチン〟を目指します。

ワーキングママで、効率のよいキッチンを模索している高梨宏子さん。〝しまい方〟に関心の高いBタイプで、多彩な収納グッズを駆使し、引き出しなどの開け閉めが必要ない〝外に出す収納〟を実践しています。ところが雑然として見えるし、使い勝手もイマイチ。「捨てる」ルールで物を減らし、引き出しや棚の中から何でもサッと出せる収納づくりが第一の目標です。

「在庫があるものをうっかり買ってしまうことが多くて」（高梨さん）というのも問題。原因はストックがバラバラに置かれているから。「しまう」ルールを徹底して在庫を一カ所にまとめ、ムダ買いを解消。「しまう」ルールはお財布にもやさしいのです。

協力してくれたのは

高梨宏子さん

夫、長女と3人暮らし。共働きで、買い物や調理にかけられる時間が少ないのが悩み

「捨てる」

全部出す！

冷蔵庫まわりのものを全部並べます。「え、こんなにたくさん？」と高梨さん。全部出さないと、思った以上に物があることに気づかない人も多いのです。

仕分ける！

〝仕分け〟は片づけの第一の山場。慣れないうちは時間がかかりますが、捨てる・捨てないではなく、今の自分に必要かどうかをしっかり吟味して。

残す ブレンダーなどの調理家電は、このままでは使いにくいので吊り戸棚へ移動。保存用品の収納は水まわりに近い場所が便利なので、シンク下へ移します。

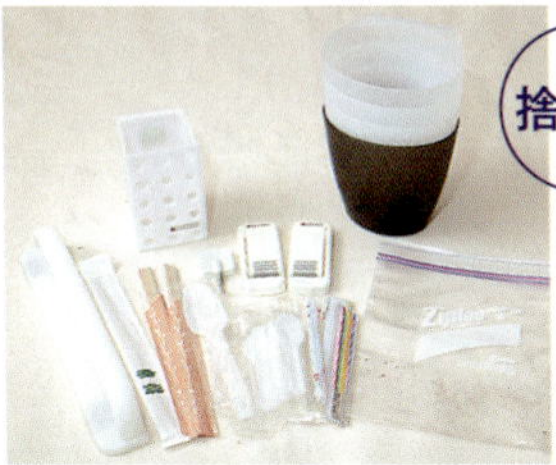

捨てる

お店でもらう割り箸は早めに処分

お店でもらう割り箸やスプーンを大事にとっておく人がいますが、引き出しの中がごちゃつく原因に。その時使わなければ早めに処分してください。

「しまう」

After

何もないと気持ちいいし掃除もラク！

時計以外のものは撤去し、すっきりキレイな冷蔵庫になりました。このほうが掃除もラクなので、冷蔵庫のまわりには物を置かないように心がけましょう。

「捨てる」

全部出す！

すべての物を出したら、調味料類、インスタント食品、掃除用品など種類別にまとめましょう。それぞれの量をひと目で把握できます。

仕分ける！

食品や調味料は賞味期限を過ぎていないか、洗剤なら古くなって中身が固まっていないか、など一つずつチェック。残す・残さないを決めます。

残す 賞味期限内の調味料や食材はこのままラックで保存。洗剤はシンク下へ移動します。期限ぎりぎりの食品は目につきやすい場所に置いて早めに食べましょう。

捨てる

焦がした、壊れたものはすぐに捨てます

焦げた鍋つかみや菜箸は不衛生だし、見た目も美しくないのでゴミとして処分。壊れたトレイも、よく働いてくれたことに感謝しつつ捨てます。

「しまう」

カゴに分類収納して調理を効率よく

お茶セット、調味料類、子供のおやつなど、種類ごとに分けてカゴに収納。これを〝グルーピング〟といい、調理の効率がアップし、残り少ないものや予備がないものがひと目でわかって便利です。

After

コンロまわり

火を使うし、油も飛ぶので
コンロまわりにはあまり物を
置かず、掃除しやすい環境に。

Before

右にスパイス類の棚、前面に鍋ぶたや子供のエプロンなど、ぐるりと物に囲まれたコンロ。火を使うので、これでは心配です！

「捨てる」

全部出す！

スパイスラックの下に台を置いて使っていた高梨さん。これは不安定で危険です。調味料類とともに、高さが合わず使いにくいスパイスラックも、仕分けの対象に。

コンロ下収納

鍋やフライパンなど火にかける
器具を置くと、調理の流れが
スムーズ。調理用の油を置いても。

Before

火にかける調理道具が置かれていますが、問題は数と収納方法です。ギチギチすぎて、これではサッと出し入れができません。

これももう
使わないわね？

「捨てる」

全部出す！

コンロ下の空間は思った以上に収納量があります。全部出してみると、こんなに大量の調理器具が！使っていない道具も多そうです。

After

「しまう」

仕分ける！

台などを使って収納空間をつくるテクがありますが、結局物を増やす原因になるし、使い勝手がかえって悪くなることも。まず物を減らすことを考えて！

捨てる

賞味期限切れの調味料は処分

賞味期限が切れた調味料は迷わず処分、古くなって香りや味が落ちたスパイスも、とっておく意味なしです。

別の場所へ

とっておく

残す

ラックは他の場所で使えそうなのでとっておきます。だしの素やインスタント味噌汁は、他の食材とひとまとめにして4段目の引き出し(P.53)に移動します。

容器を白で統一してセンスよく

よく使う調味料を元からあった透明の容器に移し替え、白のトレイに。透明、白などで統一するとキレイだし、トレイに入れるのもごちゃついて見えない秘訣です。必要最小限のものだけを置きましょう。

手前を一段にして、奥のものを出し入れしやすく

手前はフライパン１個にして奥のものを出し入れしやすく。コンロの掃除用品も100円ショップのケースにまとめて収納。

「しまう」

After

サラダ油やオリーブオイルを、カゴでひとまとめにしてコンロ下へ。フライパンといっしょにサッと取り出せて便利です。空間にゆとりがあっても、これ以上は物を増やさないで。

仕分ける！

紙とコルク製のラックも仕分けの対象に。火や水、油を使うキッチンでは、たとえ強度があっても紙のラックはNG。金物かプラスチック製がおすすめです。

捨てる

手軽に使えない器具は要・不要の見極めを

複数のプレート付きのマルチサンドメーカーは、１年以上使っていないので処分。便利そうに見えても、手でやったほうが早い調理器具もあるので、よく検討して購入を。

残す

フライパン類と鍋を適量まで減らします。水まわりで使うボウルやざるは、シンク下へ移動します。

吊り戸棚(奥)

高さがあって手が届きにくい
タイプの吊り戸棚には、軽くて
あまり使わないものを収納します。

「捨てる」

全部出す!

「コーヒーが2つも！」と高梨さん。在庫に気づかず、しばしば重複買いをするそうですが、「しまう」ルールを守って在庫をまとめれば、こんなムダは起こりません。

Before

日々使う麦茶やコーヒーから、たまにしか使わないお菓子の型まで無造作に入っています。使用頻度が異なるものをいっしょにしないのも、「しまう」ルールの基本です。

吊り戸棚(手前)

シンクの真上にあり、手が届きやすい
吊り戸棚は収納のゴールデンゾーン。
頻繁に使うものを入れる定位置です。

仕分ける!

大事なのは単に物の量を減らすことではなく、各家庭の(食器などの)適量を考えることです。繰り返し実践していくと、今後のムダ買いを予防できますよ。

「捨てる」

使って
ないでしょう

全部出す!

目につくのがカップ類の多さで、家族３人で30個超は多すぎです！製氷皿も、なぜか３個も。全部出すとバランスの悪さがわかりますね。

Before

食器棚がない高梨家にとって、吊り戸棚は食器を入れる絶好の場所。食器と調理用品が雑然と入りまじっていてもったいないですよ！

After

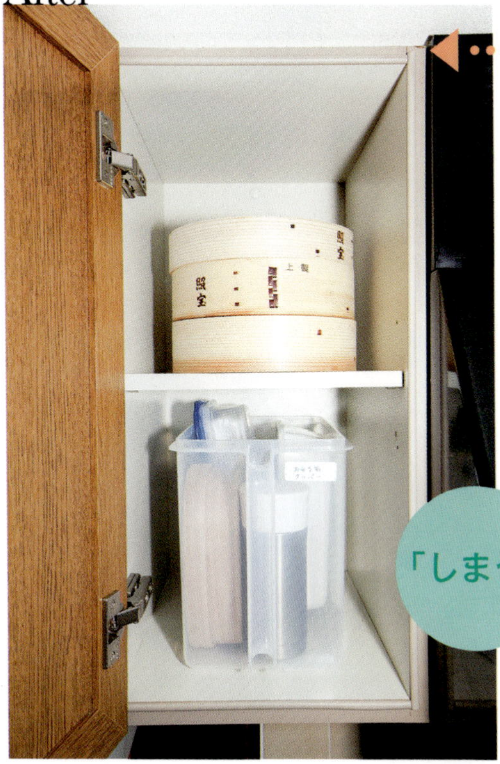

仕分ける！

お菓子づくりが趣味で、キッチンのあちこちに道具が収納されていますが、中には買ったまま包みを開けていないものも。この機会に要・不要を吟味しましょう。

残す

麦茶、スープの素など日々使うものは取りやすい場所へ移動。ビニールをかぶったままのミルは、「必ず使いますね？」と確認して、残すことに。

捨てる

複数あるアイテムは数を絞って

「つい同じような焼き菓子の道具を買ってしまいます」と高梨さん。似たような焼き型は処分、今後は買い物前に確認してムダ買いを防ぎましょう。

「しまう」

高い場所は容器でまとめて取り出しやすく

使用頻度が低く湿気を嫌うセイロと、お弁当用品を収納。こまごましたお弁当グッズは吊り戸棚ストッカーにまとめると、ラクに取り出せます。

After

捨てる

多すぎるカップ類は思いきって半分に

景品でもらったものや、使い心地がイマイチなものを減らして、カップ類は半分に。多すぎる保存容器や不要になった離乳食も処分。

手を伸ばしてサッと物を出し入れできるエリアが、収納のゴールデンゾーンです。

残す

食器と土鍋を吊り戸棚に残し、パスタや缶詰はラックの食材置き場へ移動。多すぎる紙ナプキン類は使いきったら補充、を心がけて。

「しまう」

使うものを手前に、上段は容器に収納して出しやすく

手にとりやすい下段を食器置き場にして、頻繁に使うものを手前に。少なくなった食器の数に合わせて棚板を一段減らし、上段はキッチン家電の置き場所に。こまごましたものは吊り戸棚ストッカーに入れて、中身がわかるようにラベルを貼りました。

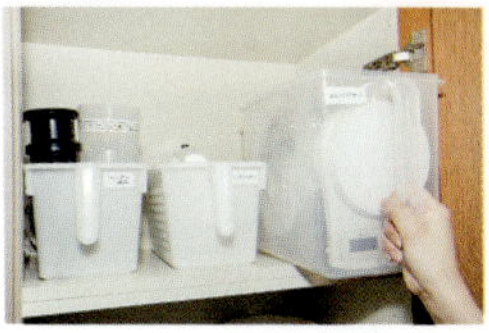

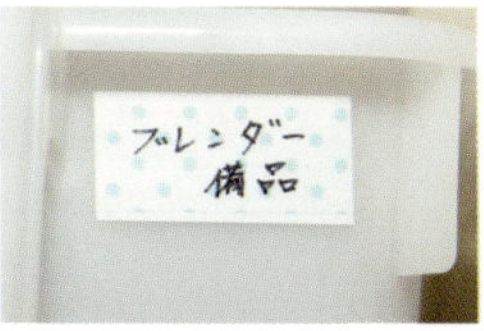

引き出し

菜箸、計量スプーンなど調理台で使う
こまごましたものを収納します。
使う頻度が高い道具は上の引き出しに。

「捨てる」

全部出す！

撮影用に引き出しのまま並べていますが、普通は一段ずつ中のものを出して仕分けてください。全段の仕分けが終わり、必要があれば、上下の入れ替えを行いましょう。

Before

キッチンばさみやピーラーなど、最上段の引き出しからサッと取り出したいものが3段目にあるので、チェンジします。乾物類がごちゃまぜの最下段の引き出しも整理が必要！

シンク下収納

湿気が多く温度も高いシンク下は
水まわりで使うボウルやざる、
清掃用品などの置き場に活用。

「捨てる」

仕分ける！

「ステンレスマグは他にもあるからこれは必要ないかな」と、自分から積極的に仕分けを始めた高梨さん。これぞ、捨てるレッスンを繰り返した効果です！

あげる

捨てる

長年使って汚れたラックは即処分

湿気でシミができた紙とコルク製のラックは、不衛生なので即処分。複数あるステンレスマグやティーポットも、サヨナラすることに。

全部出す！

家の中で特に物が増えやすい場所です。食材のストックは使うたび、食器類は１年に１回などルールを決めて見直し、仕分けを行って。

Before

湿気が多いシンク下に食材や紙製の収納グッズはNGですが、気づかない人も多いもの。収納場所の環境を考えることも心がけて。

袋物は立てて入れる

深さがある下段の引き出しは、ふりかけのような袋物の収納にぴったり。この時、小箱やカップを使って立てて収納すると出しやすくて便利。

「しまう」

上段から順に使用頻度の高いものを

一番上に調理小物、2段目にカトラリー類、と、使用頻度の高さを考慮しながら物の置き場所を決めて。出すのが断然ラクになります。

After

捨てる

古いもの、半端なものは捨てて

「臭いが気になって使えない」(高梨さん)シリコン製の弁当箱の仕切りは、処分。古いスパチュラや半端なカトラリーも捨ててOK。

仕分ける!

一気に捨てようとしないで、1回に引き出し一段を仕分けするだけでもOKです。引き出しが一つキレイになっただけでも、気持ちに弾みがつきますから。

残す

不要なものを出したら、空間にゆとりが生まれ、中身がひと目で見やすくなりました。間仕切りをして、さらに使いやすく収納します。

ざる、ボウルなど水まわりで使うものを

ざる、ボウルは、すぐ上に蛇口があるシンク下に入れると、動きがスムーズ。調理の動線を考えると、自然に場所が決まりますね。

残す

食器類は吊り戸棚へ、粉ものは食材庫になっているラックへ移動して収納。空になったシンク下には水まわりで使うものを入れます。

「しまう」

After

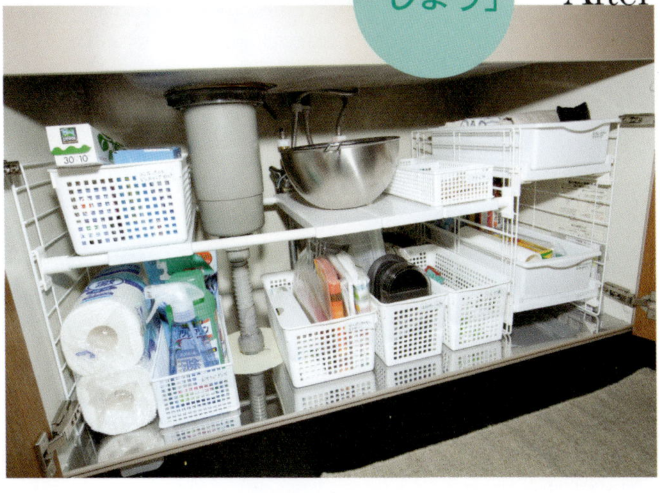

市販のラックで空間を仕切って

幅や高さを変えられるラックで給水パイプをよけながら空間を仕切ります。袋類、洗剤など種類別にカゴにまとめると、出し入れがラク。

収納が両側にあるタイプで、広々として収納量もたっぷり。それだけに着ない服、使わない雑貨などを詰めこむ倉庫になりがちなので、要注意です。

クロゼット

着ない服や雑貨を処分し、ゾーン収納でクロゼットをスッキリ！

収納量たっぷりのクロゼットがあるのに、床やイスが服の置き場になっていませんか。原因の多くは衣類の数が多すぎること。量を減らし、出し入れしやすい収納に変えましょう。

●棚収納のクロゼット

Before

棚の上に物がいっぱい
収納からはみ出したものがあちこちに

衣装ケースがたくさんあるのに衣類が収まりきらず、棚やケースの上が服置き場に。収納を増やすのはもちろんNG。衣類を減らして（理想は空間の７割）対応しましょう。

After

服を減らし、着用頻度に合わせて指定席を決めます

下段の収納ケースをより収納力のあるものにチェンジ。その分、棚のケースを処分したので全体がスッキリ見えます。また、突っ張り棒でゾーン収納を増やし、ストールなど着用頻度の低いものを入れる定位置に。収納用品の色や形を揃えることも〝スッキリ〟のコツです。

Closet

After

●ハンガーラックのクロゼット

Before

死角になりやすい棚の上は、何でも押しこめるブラックBOXになりがちです。また、クリーニング店のハンガーは見た目がキレイじゃないし、洋服が型崩れしやすいので長期の使用は避けましょう。

ハンガーを揃えて色別に並べたらショップみたいにキレイ！

不要な服を処分しハンガーを木製で統一、さらに服を色別に並べることでスッキリ出し入れしやすい収納に。服をうまく処分できない人は、着た服を常に一番右側（左側でも）にかけるようにしましょう。着ない服が片側にたまり、不要な服を視覚的に判別できます。

Closet

着る人別・頻度別にしまう場所を分ける

ゾーン収納で着たい服がすぐに探せてラク！

クロゼットを効率よく使うために欠かせないのが〝ゾーン収納〟です。そのやり方と分けた場所に何を入れるべきかも、覚えましょう。

クロゼットのような大きな空間では、着る人と着用頻度、さらに入れるものの重さを組み合わせた〝ゾーン収納〟という考え方で服をしまうのが理想です。
まず、向かって右側が夫、左側が妻の服……と、スペースを着る人に合わせて左右に分けます。次に、縦の空間を3つのゾーンに分割しましょう。手が届きにくい上部には、冠婚葬祭用

基本のゾーニング

夫スペース
それぞれが自分の服を管理しやすいように、妻と夫の服は分けて収納しましょう。

一時置きカゴ
パジャマや、一度着てすぐに洗濯しない衣類を一時置きするカゴがあると便利。衣類がひっかからないよう、カゴの中に布が張られたタイプを選んでください。

ひと目でワードローブがわかる収納が◎です

品などめったに出番のないものやバッグ類を。目線の高さにくる中央部は、衣類収納の〝ゴールデンゾーン〟です。着用頻度が高い、いま着る服をハンガーにかけて吊るします。

かがんで出し入れする下部には、衣装ケースを置いて日常着を収納。高い場所に置くと出し入れが大変な、ジーンズのような重い衣類もここが定位置です。そして何より大事なのが〝7割収納〟を心がけること。衣類がゆったり収まっていると、目あての服が見つからなくて慌てることもないし、似たような服をつい買ってしまうムダを防ぐことができます。

妻スペース

服が多くて夫側にはみ出すようなら、境界の服にカバーをかけるなどして目印にします。

上部

出番の少ないもの
(冠婚葬祭用品、浴衣など)、
バッグ、思い出BOX

重たいものはNG。箱や袋で収納する時は中身を書いたラベルを貼ります。不要なものがたまりがちな場所なので、時々、チェックを。

中央部

毎日着るスーツ、
よく着るジャケット、
スカート、アウター

出し入れが一番ラクなゴールデンゾーン。ハンガーにかけた服の長さを順に揃えて床との間に空間をつくり、収納場所として活用しましょう。

下部

カットソー、ボトム、セーター

衣装ケースを置き、たたんでしまう衣類を収納します。上段にはカットソーやセーターなど軽いもの、下段は重量のあるボトム類を入れて。

両端 (折れ戸の場合)

スーツケース、紙袋、
季節家電

折れ戸の場合、端の部分20㎝ずつがデッドスペースになります。使用頻度の低い、スーツケースや紙袋などを収納して。

「捨てる」

着ない服が
たくさん
入っていませんか～？

詰めこみすぎは、衣類の傷みやムダ買いの原因に！適量まで減らしましょう

この服、まだ着られそうだし、これも高かったし、
と洋服を捨てる決断はなかなかしにくいもの。
でも衣類がギュウギュウに詰まって風通しが悪いと、
服が傷むし、似た服買いの原因にもなります！

おしゃれな注文住宅で暮らす高橋圭子さん。収納好きで収納用品をあれこれ試してみる一方、捨てることは苦手なBタイプです。ウォークインクロゼットは広々していますが、服の詰めこみすぎで衣装ケースのふたが開け閉めしにくいなど、かなり容量オーバーしています。

「もう着ないかなと思いつつ、収納に余裕があるのでつい置きっぱなしに……」と高橋さん。

実は収納場所が多い家ほど油断して物をためこみがちに。成長とともに子供服がどんどん増えるし、子育てが一段落して外出の機会ができれば、高橋さんも新しい服が欲しくなります。

整理収納上手になるには、こうした先々の状況を見通して衣類を処分する・しないを決めることも大事です。着こんだ服や年齢的に合わない服は迷わず処分しましょう。

協力してくれたのは

高橋圭子さん

夫、長男、長女と4人暮らしの専業主婦。ゆとり収納なのに、乱雑になりがちなのが悩み

衣装ケース

こうして引き出しを並べてみると、その多さにびっくりするはず！

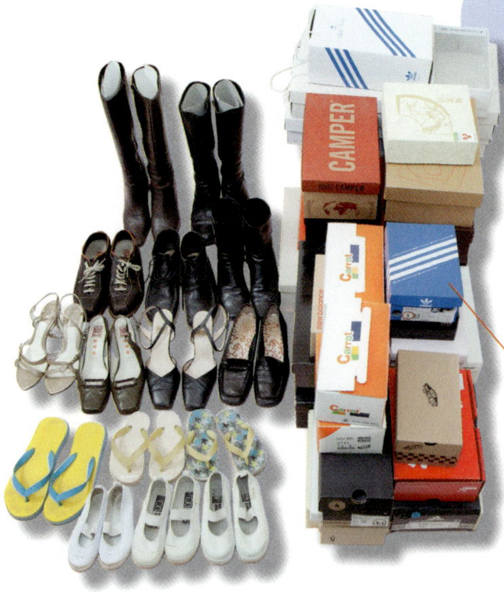

棚の上

死角になりやすく、
不要品や存在を忘れている
ものが詰まっていることも

全部出す！

棚の上から衣装ケースまで、すべてのものを出すのが「捨てる」ルールの鉄則です。量が多い時は、棚→ハンガー→衣装ケースと分けて実践を。

ハンガーラック

似た服が何枚も
あったり、着ていない、
存在さえ忘れていた
服の多さに気づきます

アイテム別「捨てる」ルール

妻の服

昔の服を捨てられないのは、
若い頃の自分が忘れられないから。
今の自分に目を向ければ、
もっと気軽に服を処分できます。

仕分ける！

仕分ける前に、「2年着てなければ処分」などルールを明確にしておきましょう。早く決断できるし、捨てて後悔することもありません。

着ていないものは即処分しましょうね

こんな服持ってたんだ〜！全然着てない！

捨てる

OL時代の服は即処分！

「また働くかもしれないから」と、OL時代の服が捨てられない高橋さん。でも、再就職する頃には流行が変わっているはず。デザインが古くなった服は思いきって捨てます。

捨てる

好みが変わった。デザインがちょい古い！

昔、買ったダッフルコートやワイドなタートルセーターも、いま身につけると、「なんだかヘン!?」と違和感があるはず。迷った時は身につけてみると、リストラを決心できます。

捨てる

授乳用の服やストールはもう必要なし！

次の出産のためにと、授乳服やベビー用品をとっておく人が多いですね。1年後ならまだしも、2〜3年たてばもっと機能的でデザインもいい製品が出てきます。捨てましょう。

迷ったら
合わせてみると
決断できますね

捨てる

体型やライフスタイルが変化して着なくなった

仕事をやめて専業主婦になったり子育て中は、カジュアルな服を好むようになります。タイトなジャケットやふんわりスカートなど、今の生活スタイルに合わないものは処分して。

捨てる

似たようなアイテムは厳選して

ボーダーシャツ、ジーンズなどの定番は、つい似たものを買ってしまいがち。同じようなアイテムは2着まで、など数を決めて、状態のいいものを選んで残りは捨てます。

捨てる

買ってはみたものの一度も着てない！

なんと、買った当時のままタグ付きの服が！着ないのには必ず理由があります。セールで買ったものの着にくい、悩んで買ったらやはり合わない……という服は即処分を。

出産で変化した体型をカバーしにくい短めの上着など、何年も袖を通してない衣類を数十着処分しました。「こんなにいらない服があったなんて、自分でも驚きです！」と高橋さん。

こんなに捨てました！

タグがついてる〜！

なぜ買ったんだろう？

アイテム別「捨てる」ルール

雑貨・着物

バッグ、アクセサリーなどの雑貨も、
増えやすいアイテムの一つ。存在を忘れがちな
着物類も時々出して仕分けましょう。

雑貨

全部出す！

目につく大きなものだけではなく、指輪やピアスのような小さなアクセサリーも仕分けの対象です。例外なく、すべて出して並べましょう。

仕分ける！

小さくて物が入らないバッグ、つけても以前ほど気分が上がらない指輪……出番がないのには必ず理由があります、それを再確認しながら仕分けを。

そうですね〜

使っていない
バッグは
処分しましょう！

残す

近々使う予定があるか、今後、身につけたいと思うかを基準にセレクトして。

リサイクルに出す

お歳暮やお返しなどにいただくタオル。たくさんあって、もう必要ないならリサイクルショップへ。未使用・新品なら引き取ってくれます。

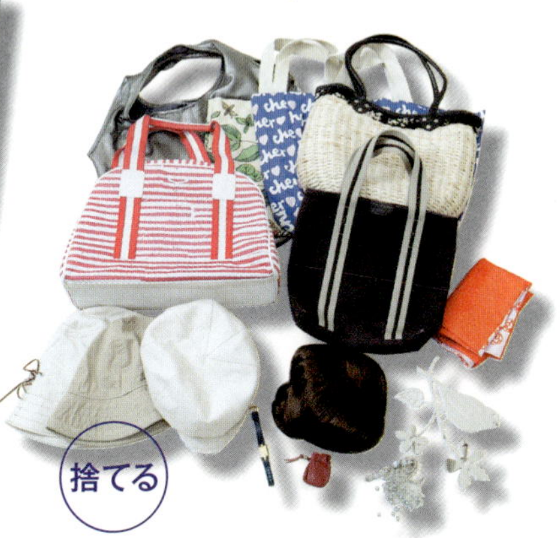

捨てる

柄や質感が年齢に合わないものはNG

かわいすぎたり、材質がチープだったりする雑貨はそろそろ卒業です。今後は、長く使えるものを少しずつ買うことを心がけて。

空いた靴箱は処分して問題ナシ！

「何かに使うかも」「子供の靴を誰かにあげる時に箱が必要だから」などの理由で、大量の靴箱を保管している人が多いのです。人にあげる時はラッピングをすればOK、空いた靴箱は即捨てましょう。いずれゴミになる箱は、買い物の時に「要りません」と断る習慣をつけたいですね。

アイテム別「捨てる」ルール

夫の服

日頃スーツを着ている人は
ふだん着の枚数が
それほど必要ありません。
似たような服は数を絞って処分。

仕分ける！

夫自身で仕分けするのがベスト。でも時間がないようなら、妻がある程度まで数を減らし、最後の判断は本人にまかせましょう。

こんなパンツが出てきました〜！

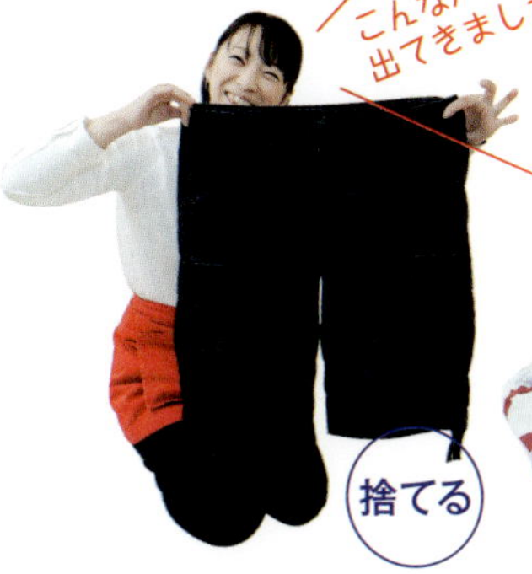

捨てる

体型が変わった

女性は出産、男性は就職をきっかけに体型が変わることが。「やせたら」と思っていても、その頃には流行が変わっています。処分を。

全部出す！

Tシャツやパンツ、靴下などの日常着はもちろん、スポーツウエア、帽子、パジャマなどのアイテムもこの機会にチェックします。

捨てる

古くて生地がヨレヨレ。虫くいも！

襟や袖口が伸びたニットや生地がヨレヨレのシャツは、だらしない印象を与えます。虫くいも、人に見られたら恥ずかしいですよ！

捨てる

似たアイテムが多い

似たものを何枚も買ってしまうのは、数が多すぎて管理できないから。Tシャツは3～5枚あれば十分、5枚あったショートパンツも2枚に減らします。

こんなに捨てた！

注意点は、妻が夫の服を仕分ける場合、捨てる前に夫の許可をもらうこと。夫婦とはいえ、夫のものを勝手に処分するのはNGです。

着物

全部出す！

ママと子供たちの浴衣から七五三の着物まで、奥に眠っていた着物類をチェックするチャンス！　全部並べて仕分けしましょう。

仕分ける！

しまいっぱなしで、生地の傷みや虫くいができてないか、手にとり広げて確認してください。

思い出の品

長女が七五三のお祝いで着た思い出の着物は、〝思い出の保管箱〟へ移動。

残す

柄を問わない伊達巻と、来夏も着たいと思う浴衣だけセレクトして残します。

生地の質感や柄が年齢的に合わない浴衣は仕分けして

捨てる

デザインが子供っぽいもの、生地が安っぽいものとはサヨナラ。年齢に合ったお気に入りだけを残すようにして。

「しまう」

棚収納のクロゼット

Before

ほとんど履かない靴や雑貨類をお店でもらった箱のまましまっている人が多いです。場所を取るうえに中身がわかりづらくて不便なので、箱は迷わず処分しましょう。

After

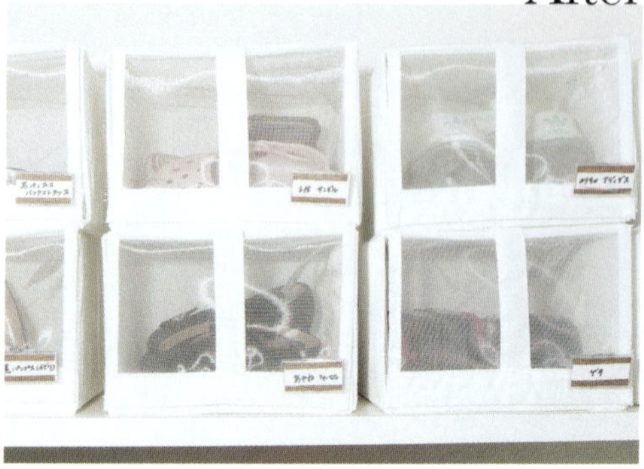

箱を処分。中身が見える靴袋で管理

箱を捨て、IKEAで購入した中身が見える靴ケースに入れ替え。さらに「夏用サンダル」などネームタグをつけて、ひと目で中のものがわかる収納にしました。

Before

通販や100円ショップで購入できる不織布の仕切り。便利そうですが次第にクタッとなるのが困りもの。100円ショップで購入できるプラスチックのカゴのほうがおすすめです(詳しくはP.108〜参照)。

After

白いカゴで区切って収納

衣装ケースの中は、プラスチックのカゴやブックエンドで区切ると出し入れしやすくなります。仕切りがあるタイプを使えば、靴下やベルトを細かく分けて収納でき、便利です。

Before

高さが腰の辺りにある棚は、物の一時置きに絶好の場所で、それが散らかりの原因になります。一つ置くとそれをきっかけに物が増えて、写真のような雑然とした状態に！

After

After

突っ張りラックで空間を増やして効率よく

突っ張りラックでゾーン収納を増やし、着用頻度が低い季節外の衣類を収納。ただし、細かく収納を増やしすぎないように注意して。

収納ケースのゾーニング

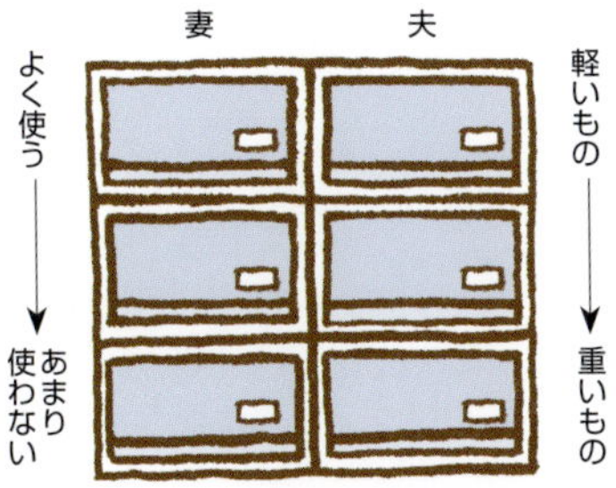

収納ケースも"ゾーン"の考えで使いやすく。手にとりやすい上段にはよく着る服を、下段には着る頻度が低い衣類を収納します。また、ジーンズのような重い衣類を上段に入れると、引き出しの開け閉めがしにくくなるので、着る機会は多くても下段に入れます。

「しまう」
ハンガーラックのクロゼット

Before

棚の上に靴の箱が山積みになっています。収納に余裕があるとはいえ、乱雑に見えるし、この空間にもローンを払っているなんて、もったいないと思いませんか!?

After

何も置かない勇気も大事

靴やスニーカーを処分したら、空間にゆとりが生まれました。でも、ここに何かしまおう、とは考えないでください。空いた場所にあえて何も置かないことも、スッキリ暮らすコツです！

衣類が一直線に並んでいるとキレイ

衣装ケースに収まればOKではありません。洋服のたたみ方、しまい方で使いやすさはまるで変わってきます。高橋さんのしまい方だと、引き出しの奥までスッと見渡せないのが問題です。

After

引き出しを開けた時、手前から奥へと服を一直線に見渡せるのが、理想のしまい方です。さらに色別に分けることで、ワードローブが一目瞭然です。

Before

詰めこみすぎで枠がしなっていたケースを新しいものに交換。靴下やTシャツなど軽いものは上段に、ジーンズなど重さのある衣類は下段に入れるのが鉄則です。

Before

着ていない服、カットソーのような、たたんでしまいたい服もハンガーで吊るされていて、雑然とした感じです。これでは、毎日の服選びが楽しくないですよね。

After

ハンガーを揃え、服の色も揃える

ハンガーが薄いと型崩れの原因になります。クリーニング店の薄いハンガーをやめ、服になじみやすい木製に統一。さらに洋服を色別に吊るすと、視覚的にも美しい収納になります。

After

Before

夫婦の服がケースの中でごちゃごちゃ。また、重い衣類が上段に、小さな衣類が下段に入っていて、「しまう」ルールも守られていません。服を入れるたびにストレスがたまりそう。

After

分けてスッキリ!

妻の衣類を出し、さらに、１段目は靴下類、２段目はトップスなど、引き出しごとに入れるアイテムを限定。見やすくなりました。

薄手の衣類が多い妻の衣類収納には、プラスチックカゴやブックエンドを活用。洗濯で枚数が減っても、整然とした状態を保てます。

押し入れは物がどんどん入ってしまうブラックBOX。整理して使いやすく

大容量収納ができる押し入れのある家庭も多いはず。空間を上手に活用しないと、死蔵品の倉庫になる危険性大！

After

Before

布団は上、衣装ケースは下。正しく置くと使いやすい！

湿気を嫌う布団は上段、衣装ケースは下段、が押し入れ収納のルールです。長年、出番のない不要品を捨てて、奥まで見渡せるようになったので、空間をムダなく活用できます。

たっぷり物が詰まった段ボール箱や紙袋が手前に置かれていて、奥のものが取り出せません。上段に置かれた衣装ケース、上のほうの引き出しはどうやって開けるのでしょうか？　かなり危険です!!

基本のゾーニング

上段左側

布団

湿気を嫌う布団は、上段に入れるのが押し入れ収納のセオリーです(右側でもOK)。詰めこみすぎに注意して。

上段右側

ハンガーラック

左側でもOK。奥行きがあるので、ハンガーラックの奥に季節家電など使用頻度が低いものを収納しても。

下段左側

衣装ケース

引き出しの開け閉めがしやすいように、衣装ケースは押し入れ下段に収納。中身がわかるようにラベルを貼ります。

下段中央

季節外の衣類、旅行用品、シーズンオフの家電(扇風機やヒーター)

引き違い戸の場合、中央部分が物を出し入れしにくいので、季節外の衣類や家電、旅行用品などを。

下段右側

おもちゃを入れるチェストまたは衣装ケース

子供が自分でおもちゃを出し入れできるように、低い場所にチェストを置いて収納。衣装ケースを置いても。

捨てるのもしまうのも、苦手なDタイプの嶋崎さん。収納の中心は押し入れで、日々使う筆記具や梱包用品も押し入れの段ボール箱から出し入れしています。「ぴったりの収納用品が見つかったら、こまごましたものを片づけたい」と言いますが、これが収納の〝落とし穴〟！ 収納グッズを買う前に、今の自分に必要か、これから使うかどうかをじっくり吟味して、残ったものに合わせて収納を考えるのが理想です。

不要品を減らしたら、手持ちの衣装ケースやハンガーラックでも、すっきり収まるはず！

協力してくれたのは

嶋崎裕子さん

夫、長男、長女の4人暮らし。捨てるのもしまうのも苦手で、押し入れには物がぎっしり!

「捨てる」

全部出す！

もう何年も聴いてないCDや書類が入った段ボール箱、ごっそりたまった化粧品のサンプルが押し入れの奥から続々と出てきました！

仕分ける！

圧巻は200枚近くあった紙袋、お店が開けそうです！ 他にもOL時代の洋服やバッグ、録画したものの、見ていないビデオテープなどが仕分けの対象に。

「しまう」

押し入れのような大空間はグルーピング収納を活用

日々使う筆記具やハサミが段ボール箱に入ったまま。そこで文房具をひとまとめにして箱に入れ、出し入れしやすくしました。しまいベタさんはこのグルーピング収納を活用して！

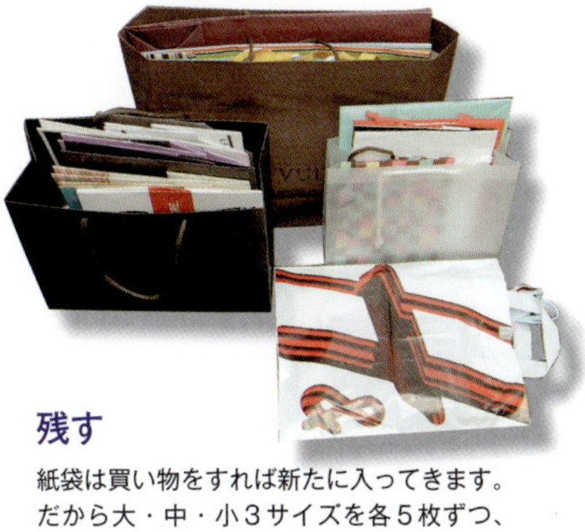

残す

紙袋は買い物をすれば新たに入ってきます。だから大・中・小3サイズを各5枚ずつ、15枚あれば十分。好きなブランドの紙袋を残したい時は、2枚など上限を決めて選んで。

残す

残すのは2年分と決めて残りの年賀状は処分。梱包用品はひとまとめにして青い箱へ。思い出の品はラベルを貼った袋に入れて、押し入れで保管します。

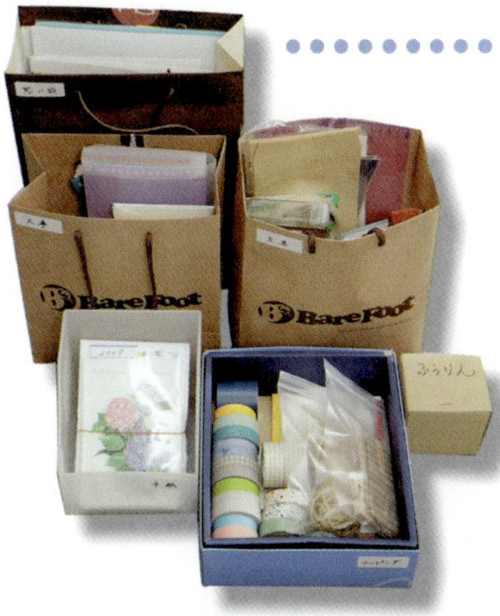

捨てる　古い書類や紙袋、不衛生な段ボール箱をイッキに処分

紙袋や保管の必要がない古い書類、出番のないバッグなどを大量処分。段ボール箱もゴキブリの巣になるので、空にして捨てます。

洗面所

使用アイテムが多く 汚れがちな洗面所。 使いやすく清潔な場所に

洗濯に洗顔、化粧などさまざまに利用する洗面所は、物が多く、汚れがちです。不要品を減らし、限られた収納を効率よく使って、清潔感を保ちましょう。

Lavatory

洗面化粧台＋洗濯機スペースの一般的な洗面所。夫婦の下着と子供のパジャマを入れるために、収納ボックスを置いています。

Before

雑然と置かれたティッシュやドライヤー
なぜここにゴーグル？
洗面台の上に物がごちゃごちゃ

物はそれほど多くありませんが、持ち主が「しまいベタ」さんで、置く場所のルールが決まってないため、雑然となりがちです。

After

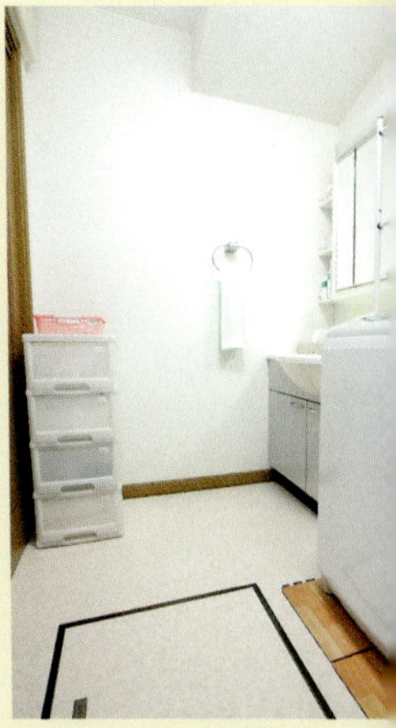

なるべく外に物を置かず、出す時はカゴなどにまとめて収納するのが、スッキリ見えるコツ。さまざまな場所に応用できるテクです。

使う頻度が高いもの以外はミラー裏に収納し見た目をスッキリ

ミラー扉の開け閉めを面倒に感じる人もいます。毎朝晩使う歯ブラシとコップは外の棚に置くと出し入れがラク。背が低くても手が届く最下段は子供の場所に。狭い洗面台に物を置かないのが、美観を保つ秘訣です。

Lavatory

家族それぞれの収納エリアを設けて 〝出したら戻す〟の習慣を徹底させるのがポイントです

細かいものが多い洗面所は、収納場所をしっかり区切ると、使いやすさがアップします。

捨てる決断は早いのに、収納が苦手なCタイプの保谷操さん。洗面所も物の定位置が決まっていないため、「家族の洗面用具がごちゃごちゃになるのが悩みの種」と言います。

そこでゾーン収納を提案。ミラー裏の空間を右・左・中央に分け、家族それぞれの場所を明確にすることで用具を戻しやすくしました。場所が決まれば自然と戻す習慣が身につきますよ。

協力してくれたのは

保谷 操さん

夫、長女、義父と4人暮らし。家族の洗面用具がごちゃまぜになりがちなのが悩み

基本のゾーニング

上段左
男性用ヘアクリーム、ひげそり
父と息子用のエリアにしてメンズ用品を置く。

中央のミラー裏
歯磨き粉、歯ブラシなどのストック
使いづらい場所なので、ストック収納に。

上段右
女性用スキンケアなど
母と娘用のエリアにして美容グッズを置く。

下段左
ボディクリーム(ドライヤー)
家族全員が使うもの。フックがあれば、ドライヤーの収納に。

下段右
歯ブラシ、歯磨き粉
家族全員が一番よく使うものをここに。

引き出し
上からドライヤー、ヘアクリップ、フェイスタオル、バスタオルなど
より使用頻度が高いものを上の引き出しに。

洗面台の下

バケツ、ぞうきん
洗面所で使う掃除道具。ゴミ箱を入れてもOK。

ストック品
シャンプー＆リンスなどのストックはここに。

よく使う洗剤
洗濯機が右か左かによって、置く位置を変えて。奥にストックを。

ミラーの裏側

出し入れしづらい上段は使う頻度が低いものか、ストックを。使用頻度が高いものは下段か中央の段に。空間を効率よく使いましょう。

「捨てる」

全部出す！

びっくり！　ひげそりが10本、ベビーパウダーが3個も出てきました。クリーム、フォームなどを半端に使ったまま何個も残さないように、一つ使いきったら次を買う、を習慣にしましょう！

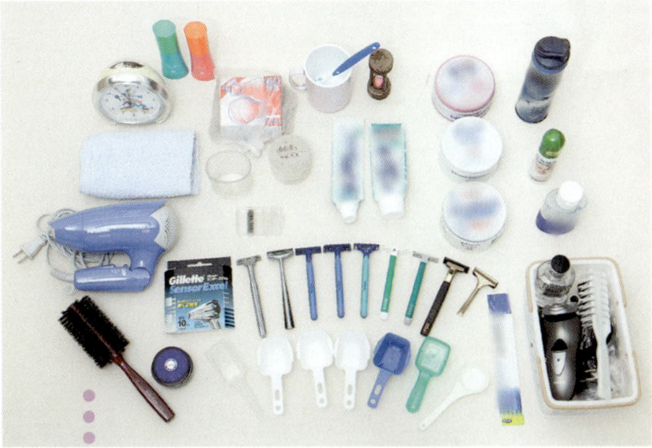

Before

物の量は少ないものの、「しまう」ルールがないため雑然とした状態に。これでは、どこに何があるかひと目でわかりません。

仕分ける！

「いつ買ったか覚えていない」（保谷さん）という製品も。一つずつ消費期限を確認し、それがわからないものは中身をチェック。手間をかけて捨てることで今後のムダ買いを防ぎます。

これ、古いですよ

捨てる　使いかけの洗面用品は不衛生なので、この際処分！

使いかけで放っておいたひげそりやパウダーは、品質が劣化している心配があるので処分。「何かに使うかも」と、夫がとっておいた粉洗剤のスプーンも捨てて問題ありません！

After

「しまう」

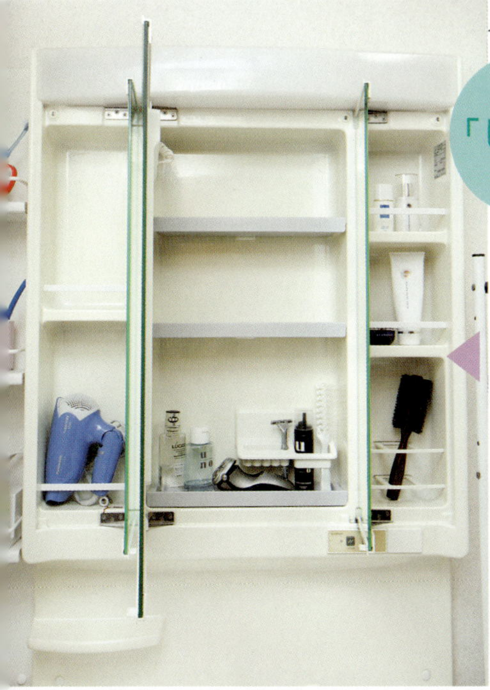

吟味して処分し、残ったのはごくわずか。だからキレイ！

「本当に必要？」「いま使っている？」と一つずつ吟味して選んだら、ミラー裏がスカスカになりました。今後、娘の成長とともにスキンケア用品などが増えるので、それまで空間を保って。

残す　捨て上手の保谷さんが思いきりよく処分。残ったのはブラシ、ドライヤー、未使用のひげそりなどわずかなアイテムだから、収納がラクです。

洗面台の下

洗面台の下は左右に分けるゾーン収納に。
コの字型ラックを使って空間を上下に仕切り、
アイテムをより細かく収めてもOKです。

「捨てる」

全部出す!

「こんなに入ってたの!?」と保谷さんもがく然。石けんや洗剤が山のように出てきました。収納をおろそかにするのは物をいい加減に扱うこと、そして、お金のムダ遣いでもあります。

Before

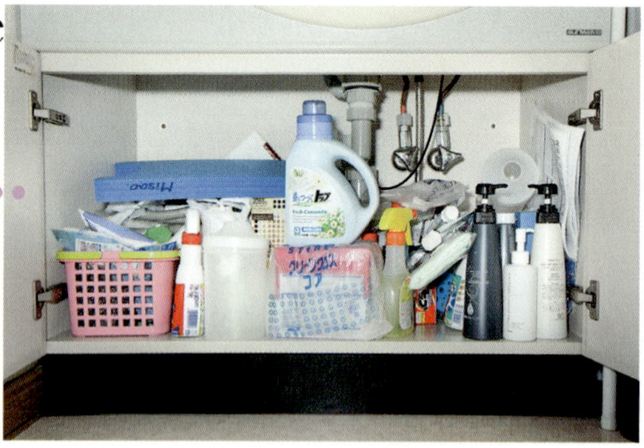

とにかく押しこんだ感じで、何が入っているのか全くわかりませんね。でも、こんな洗面所収納のお宅がけっこう多いのです。

仕分ける!

消費期限切れ、期限前でも品質が悪くなっている、ストックが2つ以上ある……など、基準を明確にすると仕分けがスピーディになります。

捨てる

長期間使ってない洗剤類は潔く処分

未使用のまま時間がたった石けん・洗剤などの予備や、化粧品のサンプルはきっぱり処分。

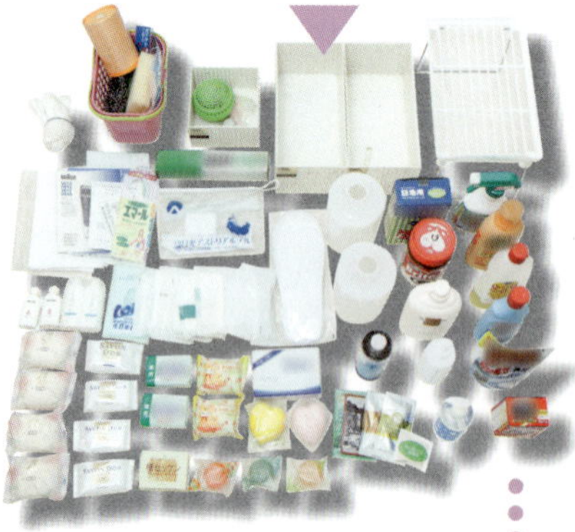

残す

予備は一つと決めて残すものをピックアップ。タオルは袋から出してぞうきんにします。袋に入れたままだと使うのが面倒になるので、包装からすぐ出すことも物を活用するコツ!

「しまう」

After

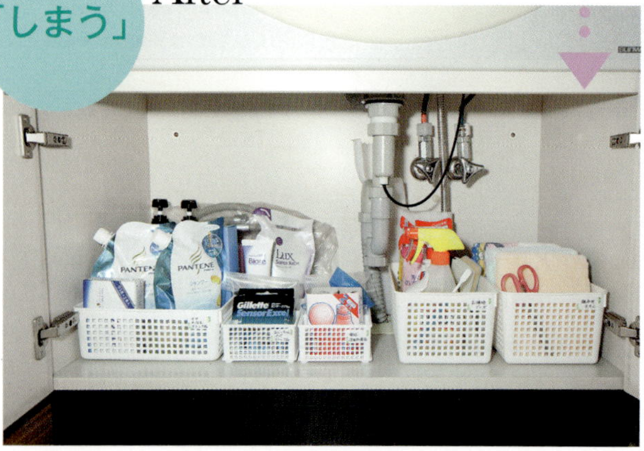

アイテム別にカゴに入れて、出しやすく

シャンプー＆リンス、洗剤などアイテム別に収納し、中のものをわかりやすく。空間の中央部分は管があり収納しづらいので、使用頻度が低いもののストック置き場に。

収納ボックス

浴室につづく洗面所は湿気が多いので、
実は衣類収納に向きません。下着など
最低限の衣類を置くようにしましょう。

Before

4段収納ボックスの上に、さらに収納ケースをプラスして衣類やタオルを収納。見た目も美しくないので、中のものを処分し、ケースを減らします。

「捨てる」

全部出す！

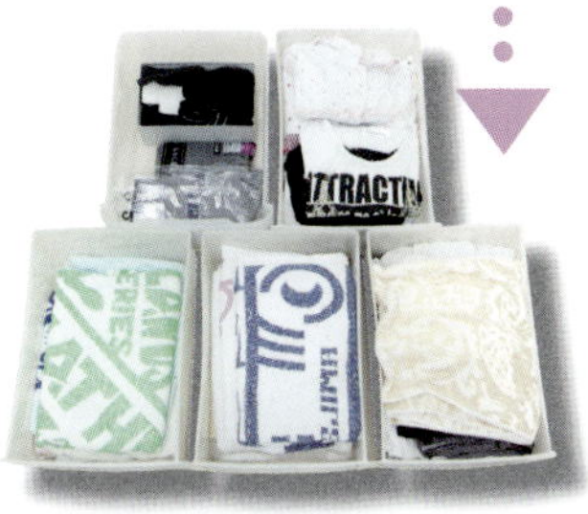

全部出したら、バスタオルやパジャマの数が多すぎないかチェック。手にとって広げて生地の傷み具合も確認しましょう。

仕分ける！

パジャマやタオルは1人に2枚ずつあればOK(P.106～参照)です。物の適量を知ることも、片づけの達人になる近道！

捨てる

ゴワゴワのタオルやパジャマは捨てて

生地が傷んで固くなったタオルやパジャマは、肌触りがよくありません、早めに処分を。

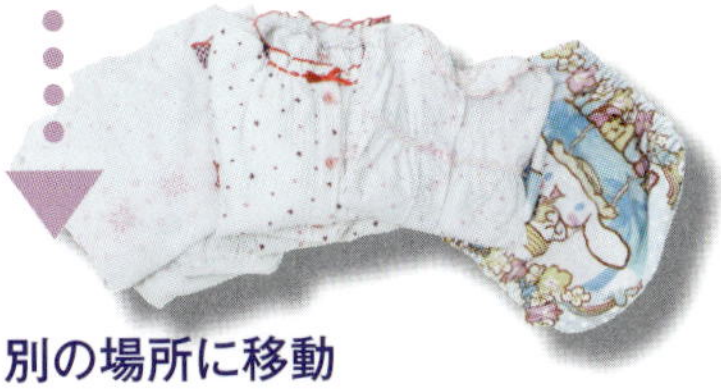

別の場所に移動

ケースの中には長女の季節外のパジャマも。子供部屋の収納に戻し、季節ごとに入れ替えます。

「しまう」

After

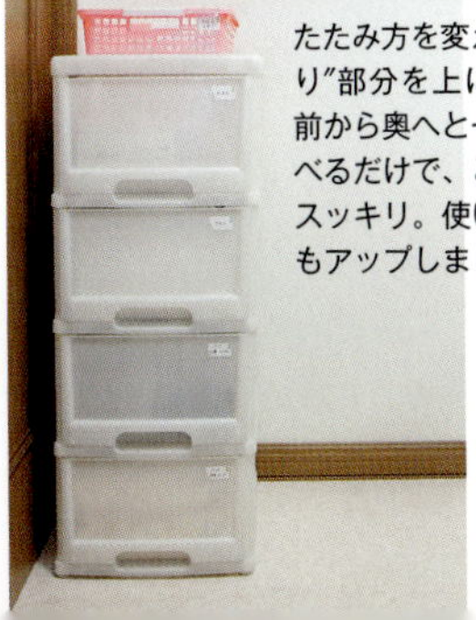

数を減らし入れ方も変えて“美収納”に

たたみ方を変え、“山折り”部分を上にして手前から奥へと一列に並べるだけで、こんなにスッキリ。使いやすさもアップしました。

洗濯機の上

洗剤に柔軟剤、さらに漂白剤も、と
洗濯用品の多様化でアイテムが増えがち。
カゴ収納で液だれを防ぎ、見た目もキレイに。

Before

洗剤類を置く場所なのに、なぜかスイミング用品が。毎回、洗面台の下から洗剤を出すのは動きのムダ、家事動線を考えた収納を。

「捨てる」

全部出す！

数は少なくても全部出すのが鉄則。母娘でスポーツクラブに通い、水泳を楽しむ保谷さん。玄関に近い洗面所が水泳用品の置き場に。

仕分ける！

母と娘、合わせて7個もあるゴーグルが仕分けの対象に。「プール用、海用があるし、水着に合わせて色を変えるから、これだけ必要なんです」と保谷さんは説明しますが……。

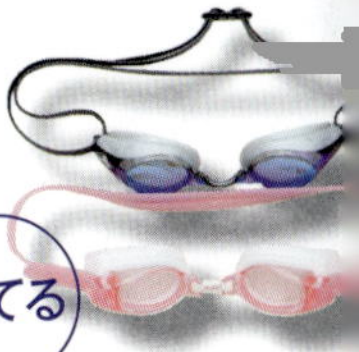

捨てる

使いこんだもの2つを仕分けに

よく使った2個にサヨナラしましたが、半分の数まで減らせるとベスト。さらなる努力を！

残す 水泳用品、水泳後のスキンケア用品は、このまま洗面所に置くことに。洗濯ボールも同様。

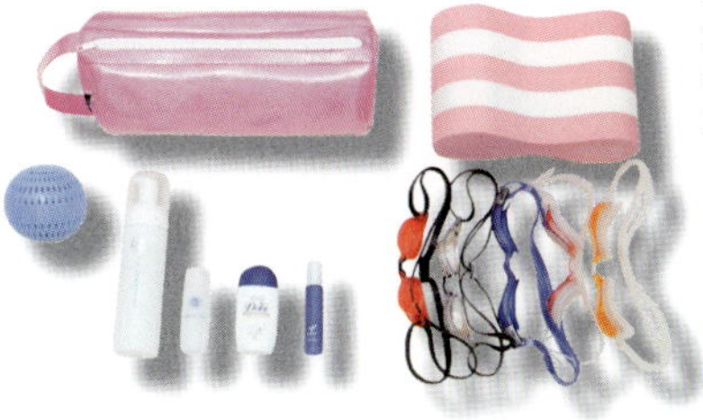

「しまう」

After

カゴ収納なら衛生的で見ばえもグッド！

洗濯用品、水泳用品をそれぞれひとまとめにしてカゴへ。これなら雑然とした雰囲気にならず、突然の来客があっても安心です。

玄関

古い靴や
“やっぱり履かない靴”を
潔く処分し、玄関にゆとりを

玄関はゲストを迎える大切な場所。靴があふれていたり、小物が雑然と並んでいたりするとガッカリな印象に。不要な靴を処分して、スッキリを保ちましょう。

Entrance

Before

横向きになったり、上下に重なっていたり、中はすし詰め状態です。靴の出し入れがめんどうになり、ますます玄関が散らかることに。

三和土（たたき）には靴箱からはみ出た夫の靴、廊下にも子供の靴やスリッパを入れたカゴが点々と。「家の顔である玄関がこれでは困りますね」

After

履かない靴を処分してあふれた靴を中に収め、カゴを靴箱の下に移動したら、こんなに広々！これなら、急な来客でも安心です。

お気に入りだけを収めたら こんなに見やすく出しやすい！

よく履くお気に入りの靴だけをセレクト。これだけ空間にゆとりがあると出し入れがラクなので、脱いだ靴を中に戻す習慣が自然につきます。配電盤があって使いにくい最上段には、靴磨き用品を入れたカゴを収納。

Entrance

収納量に合わせてしっかりセレクト
使用頻度を考えて定位置を決めます

最近多いトールタイプは、縦長の空間をどう使うかがポイント。扉の開き方で異なる使いやすさも考慮して、靴の定位置を決めましょう。

適量まで数を減らすのはもちろんですが、靴の出しっぱなしを防ぐには、使用頻度に合わせて置き場所を決める「しまう」ルールが最重要です。天井に近いゾーンは夫のものや、たまにしか履かない礼装用のパンプス、ブーツ、ビーチサンダルなど季節外のものを入れて。低い位置の棚には、自分で手にとれるように子供の靴を収納します。

扉を玄関側に開くほうのゾーンの中央部分が靴箱のゴールデンゾーン。〝ヘビロテ〟度がもっとも高い靴はここに入れます。

靴磨き用品や印鑑、ハンカチなどの小物を収める場合は、必ずケースやカゴにひとまとめにします。どうしても空間を増やしたい場合は、棚板を増やすか、突っ張り板を渡して空間を上下に分けると便利です。

基本のゾーニング

●観音開きタイプの場合

最上段
シーズンオフの靴
(ブーツ、サンダルなど)

上段
夫の靴

手が届きにくい最上段に、履く頻度が低いもの、そして上から順に、夫→妻→子供、と背の高さに合わせて収納します。当たり前のことのようですが、意外とこの「しまう」ルールが守られていないご家庭が多いのです。

中段
妻の靴

下段
子供の靴

玄関側のゾーン
みんなのよく履く靴

扉を玄関側に開くほうのゾーン(特に中央部)が一番使いやすい場所。みんなのよく履く靴は、このゾーンにしまいましょう。

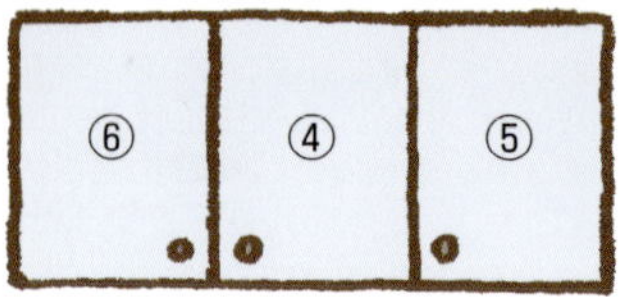

●上下に分かれているタイプの場合

①〜⑥の順に履く頻度が高い靴を収納します

セパレートタイプの靴箱は、下段中央の扉の玄関側に開く場所がゴールデンゾーン。使用頻度に合わせて、①〜⑥の順に収納を。

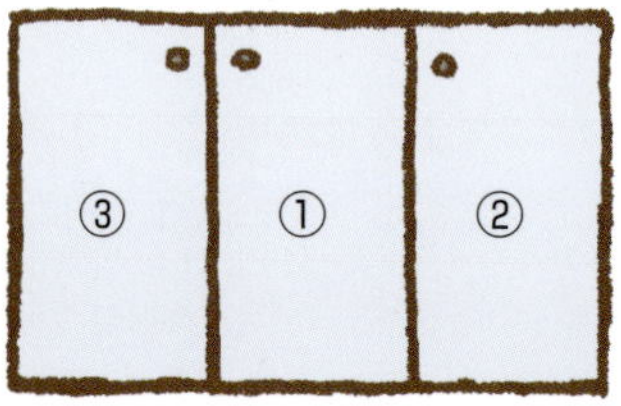

7割まで
減らして！

よく履く靴は決まっています。2年履かなかったらサヨナラを！

服とのコーディネートを楽しもうと、
あれこれ買ってみたけど、結局
履くのはいつも同じ靴ではありませんか？
履かずに2年たったら、潔く処分します。

「捨てる」

全部出す！

履かない靴、夫が収集しているスニーカーなども含めて40足以上の靴が！　全部出すと、靴の汚れ具合やヘタり方で、よく履く靴と全く出番のない靴が一目瞭然です。

キッチンのルポ（P.42）でも登場した高梨さん宅。靴箱は一般的なマンションサイズですが、履かない靴に加えて子供のおもちゃや夫の野球用品まで詰めこまれ、中はゴチャゴチャ。靴が戻しにくいので、三和土に脱ぎっぱなしになりがちです。

また、Bタイプで収納に重点を置きがちな高梨さんは、上下に重ねられる靴ホルダーを利用。ところが「買ってはみたものの、毎回入れるのがめんどうで使わないまま靴箱の中に置きっぱなし」と言います。

子育て中で、通勤着もカジュアルでOKの高梨さんは、動きやすい靴を履く機会が圧倒的に多いはずです。道具を使って収納量を増やすより、まずは、出番のない靴＝靴箱のぜい肉を取ることを心がけましょう。

この靴
ボロボロ
履きこんで
ますね〜

仕分ける！

仕分けを通じて、自分が好みがちな靴のタイプを知っておくと、似たもの買いの防止に。かかとの減り具合などもこの際チェックして。

捨てる

履けなくなった靴は潔く処分！

靴底が減り中敷も黒っぽくなって、とことん"履いた感"が漂う靴。「雨の日用にしようと思ったけど、潔く捨てます」（高梨さん）

捨てる

履き心地が悪い靴は今後も出番なし！　サヨナラを

浴衣用に買った草履ですが、鼻緒の部分がこすれて痛く、結局出番は数回だったそう。履くと痛い、ストラップがキツイなど、履き心地が悪い靴は処分してＯＫ。

捨てる

便利そうに見えて、使いにくい靴ホルダーはＮＧ

靴を上下に重ねて収納量を増やす靴ホルダーは、かなりマメな人でないと、戻すのがめんどうで長続きしません。突っ張り棚で棚をプラスして空間を増やし、子供の靴や軽い靴を収納するほうがおすすめ。

捨てる

成長とともに足のサイズが変わる子供靴は早めに交換します

子供靴は少ない数をとことん履き、足のサイズが変わったら早めにチェンジしてあげると、子供にとって快適です。

捨てる

高価なブランドものでも流行が変わったら処分

「これ、高かったんです」と高梨さん。高価なブランドものでも、流行が変わると履きにくくなるし、将来、同じような型の靴が流行っても、古ぼけて見えることが多いのです。新しいデザインを楽しみましょう。

こんなに捨てました！

小さくなった子供靴、使いにくい収納グッズ、ボロボロのスニーカーなど、不要なものが大切な収納空間を占拠してました！

傘やスリッパは数を決めてセレクトして

「急に雨に降られたりして、折り畳み傘は数が増えてしまいがち。５本も必要ないから３本処分します。スリッパは家族分＋５足あれば十分です」

捨てる

「しまう」

季節外のブーツや履かない靴は別の場所に移して、ゆとりの収納に

共働きの夫婦なので、通勤用の靴をメインに収納します。手が届きにくい上段は背が高い夫用の靴か、たまにしか履かない靴を。真ん中にヘビーローテーションの通勤用の靴を入れました。履かない靴を捨て、季節外のブーツを別の場所に移したら、こんなにゆったり！

靴箱の下は、掃除しやすいようにカゴでまとめた子供の靴やおもちゃを

靴箱の下に置いてあったラックを処分し、スリッパや子供の靴を入れたカゴを並べます。カゴをどかすだけなので、掃除もラク！

男性用の大きな靴は、少し斜めにずらして入れると収納量がアップ！

女性の靴は余裕で3足入るのに、男性の靴だと幅が微妙に足らず2.5足しか入らない。こんな時は靴を少し斜めにずらして入れます。

女性用の靴はつま先、男性用はかかとを前にして入れるのがルール

女性用はつま先、男性用やスニーカーは、かかとを手前にするのが「しまうルール」の基本。靴の中に指を入れやすくなります。

リビング

雑多なものが集まるリビング。生活動線に合わせた収納を

居心地がよく、家族みんなが自分のものを持ちこんで過ごす機会が多いだけに、散らかりやすい場所です。食事をする、くつろぐ、家事をするなど、目的別にエリアを分け、それぞれに合った収納を備えましょう。

Before

散らかった
子供ゾーン
ソファや
テーブルの上に
物が出しっぱなし

食事をしたり、お茶を飲んだりするローテーブルが、キッチンと離れた場所に置かれています。動線が悪いため物が散らばりがちに。

ローテーブルをテレビ側へ。部屋を用途に合わせて区分けすると便利

ローテーブルをキッチン側に移動。食事をする、お茶を飲むなど、〝食〟と〝憩い〟の場を一つにまとめて、キレイを保ちやすくします。子供の机はローテーブルがあったエリアに動かし、〝勉強〟スペースを独立させました。

After

Living

Before

収納からはみ出たものが床に並んでいる一番悪い状態。一つ置くと、その周囲にどんどん物が増えていくし、掃除もしにくくなります。

同じ種類のものをまとめて並べる＋カゴ収納でスッキリ

テレビの右側に金魚の水槽とハムスターのケージ、左に電話とペン＆メモ帳を入れたカゴ。グルーピングして並べると使いやすいし、見た目もキレイです。チェストの中のこまごましたものも、カゴに入れて見映えよく。

After

Living

目的別に空間を区切れば置き場所が決まります

リラックススペースや子供用スペースなど

リビング収納のポイントは、家族の暮らしぶりに合わせて部屋全体をゾーニングすること。自然に収納すべき位置と物が決まります。

基本のゾーニング

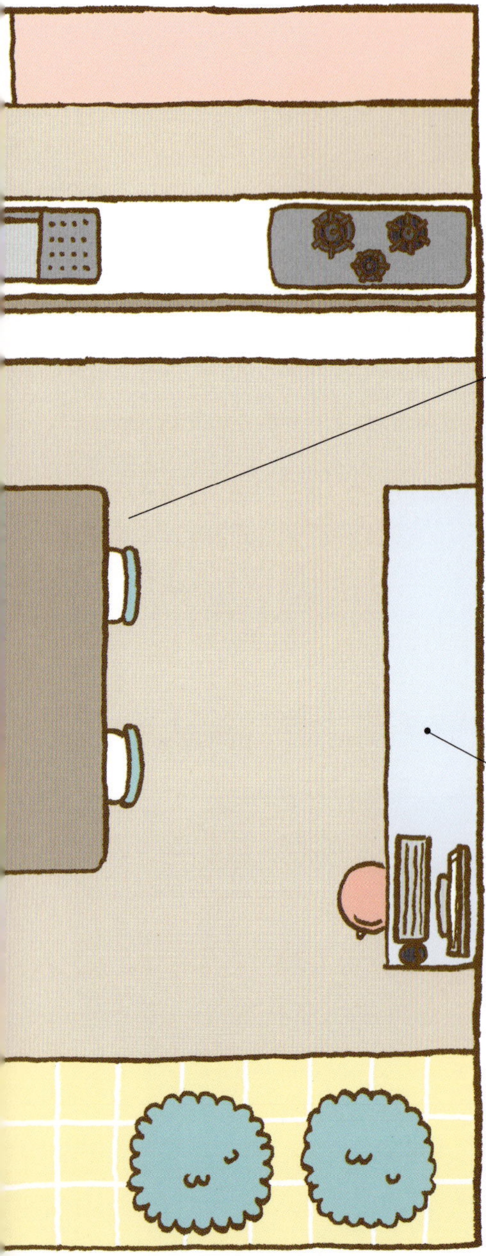

食事ゾーン

食器や料理を運びやすいようにキッチンのそばがベスト。食卓で手紙、家計簿など書きものをする人は道具を容器でひとまとめにし、カウンター下収納などに入れると便利です。

パソコン家事ゾーン

リビングのベランダに洗濯物干しがある場合、別の部屋に運ぶより、リビングでアイロンをかけたほうが効率的。アイロンかけやパソコンを使うスペースも確保しましょう。

みなさんはリビングでどんなことをしていますか？　テレビを見る、新聞を読む、アイロンかけや繕いものなど家事をする、子供が宿題をする、お茶を飲んでおしゃべりする。今回協力してくれた保谷さん宅では、ローテーブルが食事と憩い、両方の場になり、〝食〟空間の役割も果たしています。改めて考えると、実にさまざまなことをしているのがわかりますよね。

そこで大切なのがリビングを目的別に空間分けして、必要な収納を備えることです。もっとも一般的なリビング・ダイニングで考えると、食卓はキッチンに近い位置に置くのがベスト。テレビを中心にしたくつろぎゾーンと子供コーナーはやや食卓から離し、物が多くなるので収納スペースをしっかり確保します。入りきらないものは早めに処分する習慣をつけて。

アイロンをかける、パソコンを使うなど家事コーナーもこまごましたものが増えがちです。アイテム別に分けるグルーピング収納が活躍します。

くつろぎゾーン

テレビのリモコンやＤＶＤなどのソフト類、テレビゲーム、新聞など雑多なものが多くなる場所です。見ないＤＶＤや、遊ばなくなったゲームは早めに処分しましょう。

子供ゾーン

３歳を過ぎた子供には自分で片づけができるように、出し入れしやすい収納をつくってあげましょう。ぬいぐるみをはじめ遊具の数が増えがちなので、こまめな処分が大事です。

バルコニーへの通路も確保

バルコニーへの通路がソファやチェスト、電化製品などで塞がれているお宅を時々目にします。掃除や洗濯物干しの時にジャマなので、家事動線に配慮して物の置き場を決めて。

テレビ台の右側

奥行き35㎝のチェストは、見た目以上に容量があります。どんどん物が入るので〝詰めこみ〞収納になりがち。

Living

くつろぎゾーンと子供ゾーンを分けて使いやすく

テレビまわりのくつろぎゾーンと子供ゾーンがいっしょになっているのが、散らかりやすい原因の一つ。物を減らして場所を替え、各ゾーンの用途を明確にします。

●①の部分
Before

「ちょっと入れておこう」が積み重なり、やがて写真のように何が入っているかわからない状態に。

P.70の洗面所で登場している保谷さん。本来は捨て上手な保谷さんですが、「子育てに余裕ができて再就職してから、片づける時間がなかなかありません。特に、リビングに置いた子供のデスクまわりが乱雑になりがちで」と頭を悩ませています。

原因の一つは、リビングのゾーニングが生活動線に合っていないこと。テレビ台の横にデスクを置いていますが、これだと勉強に集中しにくいし、学校の道具を置くための収納も確保されていません。また、食卓にしているローテーブルがキッチンから離れているのも問題あり。飲みかけのコップやお菓子が置いたままになりがちだし、途中でこぼす原因にもなります。

多忙な人は、5割収納を心がけることも大事です。

「捨てる」

全部出す！

国語辞典など辞書が9冊、爪切りが3つも出てきました！「辞書も爪切りも100円ショップで買えるので、探すより早いと思って、つい買ってしまうんです」と保谷さん。重複買いがないように見やすく片づけましょう。

仕分ける！

「娘のものを無断で処分して怒られて以来、物を捨てられなくなって」と保谷さん。大事なものは確認し、捨てる理由もきちんと説明するようにしましょう。

残す

気がつくと数が増えがちなぬいぐるみや文具は、叶笑ちゃん自身が残すものとそうでないものを選別。子供は好みがハッキリしているので、時間がたつにつれて選ぶ速度がどんどん速くなります。

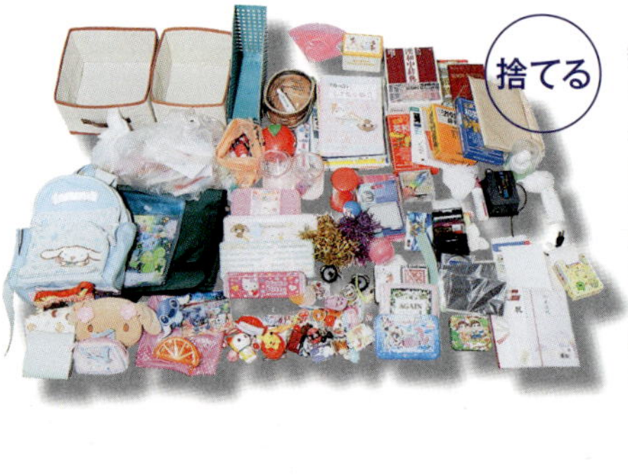

捨てる

数を決めて残し、キャラものは卒業を促して

年齢に合わないキャラものは、「そろそろサヨナラしようね」と卒業を促します。飲食店のオリジナルグッズも、「残すのは3個まで」など数を限定して処分。ヘタりやすい布製の収納ボックスもこの際チェンジしてください。

テレビ台の左側

テレビ台を挟んで左右に収納がある場合は、右は子供、左は妻など、人別に分けると使いやすさがアップ。

Before

物が満杯のうえ、手前には写真立てやぬいぐるみが置かれ、奥は〝死蔵品〞状態。物の行方不明が頻繁に起こるのも当然です。

「捨てる」

全部出す！

保谷さんが存在すら忘れていた学習教材などが続々と！ 今はネットで電話番号検索したほうが早いので、場所を取る紙の電話帳も要りません。

仕分ける！

左側の空間は妻がリビングで使うグッズをメインに収納することに。選ぶ目的が明確だと仕分けが早く、効率よくなります。

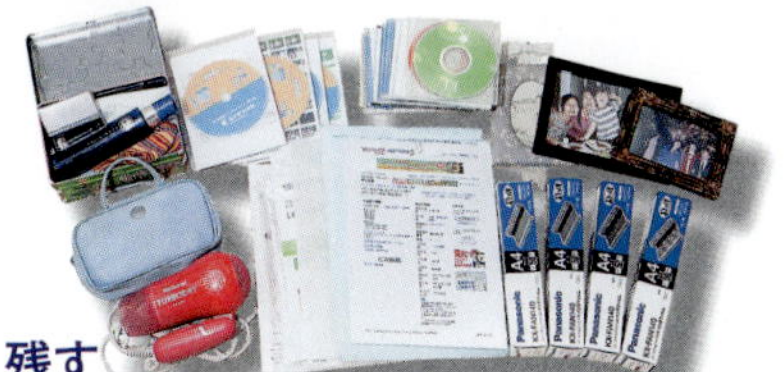

残す

ＦＡＸロール紙は全部残しますが４本は多すぎ、ストックは１本で十分です。空き缶に入れた化粧品はもっと使いやすく収納して、日々のメイクをラクに。

捨てる

センスの合わないいただきものは一定期間、手もとに置いてから処分

お財布が複数あると、お金に縁遠くなるといわれています。古くなった財布は懐紙などに包んで処分を。「センスが違う」と悩みの種になっていたお土産の人形も、一定期間手もとに置いたので、この際捨てることに。

「しまう」

After

手にとりやすい上段には妻のものを

上段にも妻のものを収納。毎朝使うメイク道具はカゴにまとめると、サッと出し入れできます。ガラス扉なので、白や透明など、見えても圧迫感がない収納用品をセレクト。

●②の部分 Before

飲食店のおまけから娘の叶笑（かなえ）ちゃんが赤ちゃんの時に作った石膏手形まで、「しまう」ルールなしのゴチャ混ぜです。

●①の部分 After

「しまう」

棚板＋グルーピング収納で

空間が大きいままだと使いにくく、〝押しこみ〞収納になりがち。棚板で上下に仕切り、金魚やハムスターの飼育用品をグルーピングして入れます。すぐ上に水槽やケージがあるから、えさやりもラク。

●②の部分 After

おもちゃはカゴでまとめる

中央と左側の扉の中は、子供のおもちゃや雑貨をしまう場所に決定。カゴにまとめて出し入れを簡単にすると、自分で片づける習慣が自然につきます。

テレビ台

ゲストの目につきやすい場所の一つです。
不要なものを減らし、
ゆったりさせると見た目もキレイ。

Before

数十本のビデオ、ストレッチ用具、手紙類などでパンパンです。くつろぎゾーンに物があふれていると家族がくつろげませんね。

「捨てる」

全部出す！

昔の年賀状がごっそり出てきました。テレビ台にはAV関連を中心に入れる、など「しまう」ルールが明確化してないのが困りもの。

仕分ける！

家族のもの、妻のもの、夫のものが混在している状態。出しながら大まかに分けて並べておくと、仕分けの効率がアップします。

何年も見ないビデオ、聴かないＣＤは処分

一度見たきりのビデオ、もう何年も聴いてないCD、さらに不要なAVコード類もゴミとして処分。携帯CDプレーヤーも「最近、音楽を聴くのは車の中だけ」（保谷さん）なので、潔く捨てます。

夫の部屋へ

リビングは家族みんなの場所です。手紙のようなプライベートなもの、他の家族が見ないソフトなどは夫の部屋に移し、管理してもらいましょう。

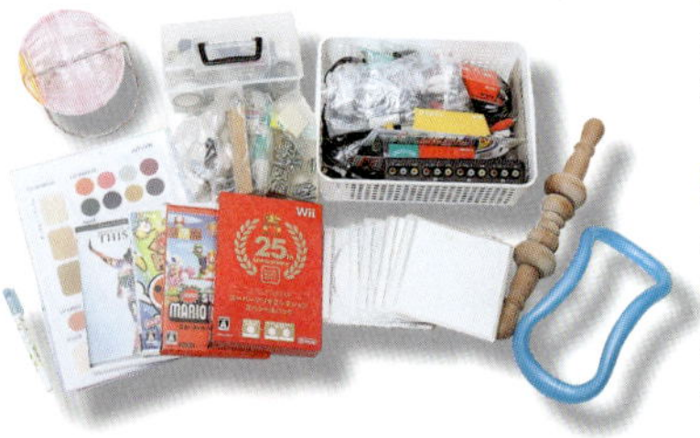

残す

半分以上を捨て、夫のものは本人の部屋に移動して、残ったのはわずかこれだけ。引き出しの中はスカスカですが、この状態をキープするのが理想です。

「しまう」

After

リモコンはカゴで整理。引き出しの中も区切って

テーブルをリモコンの置き場所にすると、その周辺に置きっぱなしのものが増えるようになります。カゴにまとめて定位置を決め、戻すクセをつけましょう。引き出しの中もカゴで使いやすく仕切って。

子供ゾーン

リビングに勉強机があると家事をしている間も目が届いて便利です。小学校高学年になったら、自立を促すためにも子供部屋に移して。

●テレビと反対側 Before

リビングのドアを入って左側にテレビ台とソファがあり、右側はローテーブルを置いた食事のコーナー(P.82参照)。

●テレビのすぐ横 Before

勉強コーナー。ソファの向こう側の奥まった位置にあるため、道具類を置く収納場所がなく、雑然としがちです。

「捨てる」

全部出す！

筆箱が５個、さらにやめたお稽古の道具や使い終わった教科書も！全部出すと、すっかり忘れていた品物の多さにびっくりします。

仕分ける！

関心が変わるのが早く、子供用品は油断するとどんどん増えがち。学年の変わり目などの機会を利用して、全部出す＋仕分けを。

捨てる

場所取り＆不衛生！古い子供用品は即処分

「もうサヨナラだね」と叶笑ちゃんが自ら卒業宣言したキャラグッズから、固まった子供用マニキュア、かびた粘土など〝化石化〟した品物まで半分近くがゴミ箱へ。ゴミ収納にいくらローンを払っていたのでしょうか!?

残す　筆箱はお気に入りを２つだけセレクト。ペン類も書きやすいもの、好きなキャラクターペンだけを残します。教科書は場所を取るので、小学校低学年から高学年に上がるなど、ひと区切りの時に見直して捨てるようにします。

「不燃ゴミと可燃ゴミ、合わせて30袋近いゴミが出ました！」と本人もびっくり。このゴミの山をしっかり心に刻みこんでください。

「しまう」

●テレビのすぐ横 After

物が多い勉強机がなくなって広々！

人が集まるテレビのそばに机があり窮屈な感じでしたが、移動させて広々。代わりにローテーブルを置き、家族みんなや、友人とともにおしゃべりを楽しめる場に変身しました。

●テレビと反対側 After

勉強コーナーを独立。収納棚を増やして学校用品を置きやすく

〝自分の場所〟があると子供はキレイに使おうとするし、勉強にも身が入ります。憩いの空間とは離れたエリアに机を移動、収納棚＋机の下にも学校用品の収納スペースをつくり、帰ったら戻すクセをつけます。

成長とともに増えていく子供服＆おもちゃは「捨てる」基準が明確です

子供服

次の子供のためにベビー用品や子供服をとっておこう、と考えるお母さんが多いのですが、これも家が散らかる原因の一つです。大野亜沙子さんも、長女が生まれてから買った4年分の服をほとんど保管していて、その衣装ケースが押し入れの半分を占拠しています。ところが出してみると、黄ばんだ肌着や「いただきもので1〜2回着ただけ」（大野さん）、というキャラTシャツなどもごっそり！　せっか

Before

子供服の収納とおもちゃが押し入れの約半分を占拠。物が詰まりすぎて風通しが悪くなると、保管しているふとんや衣類によくありません。

「捨てる」

全部出す！

衣装ケース４個から出てきた服の山！　中にはひと目で“黄ばみ”がわかるものも。今着ている服もいっしょに並べて仕分けます。

ここ、カビてますよ
うわあ、ほんとですね！
ヒエー！

くの空間がもったいないですね。

子供服にも流行があるし、ベビー用品はよりよい機能のものが次々と出てきます。とっておいても買い替えることがほとんど。よほどのお気に入りでない限り、処分してください。

協力してくれたのは

大野亜沙子さん

夫、長女と3人暮らし。ナチュラル系インテリアを楽しむために、「片づけの腕を磨きます」

仕分ける！

日に何回着替える？　洗濯は毎日できる？　などを考えながら、必要な枚数を決めて。

捨てる

汚れが落ちてなかったり襟付きで着にくい肌着は捨てる

汚れをきちんと落とさずに保管していたスタイは、黄ばんでいるので処分に決定。赤ちゃんは体にまとわりつくものをイヤがるので、襟が立った肌着も仕分けします。下の子ができたら新しいものを買ってあげましょう。

捨てる

体を締めつけるような服はNG。迷ったら子供に聞いて判断を

大人にはオシャレに見えるデザインでも、子供にとっては着心地の悪い服もあります。特にカチッとしたジージャンや襟がついたカットソー、コーデュロイのようなしっかりした生地の服は着たがらない子も。悩んだら本人に「これ、着る？」と聞いてみてください。子供は直感で判断するので、好き・嫌い、着る・着ないをハッキリ言いますよ。

リサイクルショップへ

新品か、きれいな状態のものなら、リサイクルショップへ。特に、流行りのデザインは早めに持っていくことをおすすめします。着用ずみは洗濯して持っていくのがマナー。

残す

衣装ケース4個分あった子供服が半分に。次の子供のためにとっておく服も、肌着のように何枚あっても便利なもの、男女どちらでも着られるデザイン、などに厳選しました。

こんなに捨てました!!

体にフィットする服や、娘の夏依ちゃんが「あまり好きじゃない」という服は迷わず処分。この服の山を忘れないでくださいね！

After

「しまう」

子供服が半分に減り、押し入れの中もすっきり風通しよく

子供服に加えて押し入れの中にあったおもちゃも厳選。誰かにあげる予定のおもちゃは天袋に移しました。子供は成長が早いので、衣替えのたびに服の見直しをしましょう。

おもちゃ

「捨てる」ことも「しまう」ことも得意なAタイプで、広々としたマンションで暮らす山村美紀さん。ところがおもちゃ用のクロゼットはなぜか満杯の状態です。聞けば、「両親や友人からの贈り物が多く、申し訳なくて捨てられない」のだそう。

その気持ちは大事ですが、物は使ってこそ意味があります。わが家に合わないいただき物は、早めに処分するクセをつけて。それに今の状態だと子供が自分でおもちゃを管理することができません。成長とともに自立を促すためにも、おもちゃの数を減らし、出し入れしやすいシステムをつくってあげましょう。

協力してくれたのは

山村美紀さん

夫、長男・長女と４人暮らし。整理収納自体は得意なので、「今後は家族の"片づけ"力を高めたいです」

Before

ウォークインクロゼットいっぱいのおもちゃは量が多すぎますね。棚の上にあるお気に入りおもちゃ、子供の手が届かないのでは？

「捨てる」

全部出す！

男女２人のお子さんがいるので、出す時はお兄ちゃんのものと妹のものを分けて並べ、それぞれの量がわかるようにします。

●お兄ちゃんのおもちゃ

戦隊ものやカードゲームに興味がある兄の太一くん。似たようなゲームが多いのが特徴。種類別に分けて並べ、仕分けします。

●妹のおもちゃ

やはり数が多すぎます。妹の葉月ちゃんはまだ2歳なので、お母さんがサポートしながら、要る・要らない、を判断させてあげて。

仕分ける！

大事なのは子供自身が納得することです。時間がかかっても丁寧に意見を聞いてあげると、子供にとっても捨てる訓練になります。

なるほど〜！
こういう木のおもちゃは大切ですね

捨てられない贈り物は一定期間手もとに置くことで、申し訳ない思いを解消

1年間手もとに置いて子供が興味を示さなければ、思いきって処分しましょう。贈り主に聞かれたら、〝よく遊んで壊れてしまったの〞、と言えば角が立ちません。

子供の好みや興味の対象はどんどん変わります。1年遊ばなければ処分を

子供の成長は早く、アッという間に好みや関心の対象が変わります。1年近く遊んでいない電子ギターや、壊れてしまったテレビゲームなどはサヨナラして問題ありません。ただし、捨てる前に子供の意見を必ず聞きましょう。

パーツが欠けたり汚れて非衛生的なものや、そろそろ卒業したいものを仕分けたら、捨てるおもちゃがこんなに！　まだ使えるものはリサイクルや寄付に出して(P.116〜参照)、まだまだ活躍させてあげましょう。

●お兄ちゃんのおもちゃ

残す

友達にあげるおもちゃは、別の場所に移動。今回かなり減らしましたが、学年が変わるタイミングなどにまた見直してください。

●妹のおもちゃ

残す

「想像力を刺激するようなものを大事にしたい」という山村さんの希望もあり、手を動かして遊ぶおもちゃをできるだけ残しました。

After

「しまう」

おもちゃ屋さんみたいな楽しいディスプレイに！

高い棚には節句飾りなどたまにしか使わないものを置き、木製ラックを使っておもちゃ屋風のディスプレイが完成！　これならママの手を借りなくても、自分たちで出し入れできますね。

ラベルを貼り、中に入っているものをわかりやすく

マスキングテープで作ったおしゃれなラベル。入れ物にはラベルを貼り、中身が簡単にわかるようにしてあげることも大事です。

子供の目線に合わせた収納を

「ほら、手が届くよ！」と太一くん。高い棚には長男の、低い棚には長女のおもちゃを置きました。目線の高さに合わせてあげると、自分で出し入れができますよ。

整理収納アドバイザーって
どんな仕事？

女性的なセンスや主婦の経験を生かせる職業として、今、整理収納アドバイザーが注目を集めています。私が所属するインブルーム(株)を例にとって、仕事の内容をご紹介します。

　整理収納アドバイザーは、ハウスキーピング協会が認定する資格で、１級と２級があります。２級は試験がなく、１日講座をきちんと受講すれば誰でも取得できます。１級は２日間の予備講座を受講し、論文を提出したうえで、筆記試験と研究発表があるので、かなりの難関です。家庭での片づけに役立つのはもちろん、１級の資格があると、家事代行サービス、住宅機器メーカー、住宅産業などの分野で働くのに有利。最近は、住宅メーカーなどが主催する顧客向けセミナーで、整理収納のノウハウについて講義を行う仕事も増えています。日々、多くの方に接する機会があり、整理収納の知識や技術だけでなく、コミュニケーション能力も必要です。

整理収納アドバイザーとしてひとり立ちするまで(インブルームの場合)

資格を取れば、すぐに一人前のアドバイザーとして働けるわけではなく、やはり現場で経験を積むことが大事です。2級の資格は必須ですが、1級は働きながらの取得もOKです。

整理収納アドバイザー２級以上を取得
※１級は働きながら取得可能

↓

面接

↓

座学研修１日、現場研修約３日間

↓

合否発表

↓

アシスタント(約１年)
整理収納の現場で補佐を担当

↓

現場研修(日数は能力に応じて決まる)
間取り、収納計画を自分で立てて実施、
先輩社員が同行して内容をチェック。
OKなら、整理収納アドバイザーとしてひとり立ち

住宅＆住宅機器メーカー主催のセミナーで講師をするインブルームスタッフ。整理収納についてわかりやすく、かつ、参加者を飽きさせないように盛りあげながら話す力も重要。

「私たちは
こんな片づけを
してきました」

整理収納アドバイザー4人の片づけ本音トーク

部屋が汚くて恋愛がうまくいかない。そんな過去を持つ私でも、**捨て上手**になれました

「インブルームのハウスコンシェルジュ」 散らかった部屋をなんとかしたいという悩みに応え、片づけと掃除のプロの派遣サービスを行う http://www.in-bloom.co.jp/syunou/

私たちがアドバイザーになった理由

中山真由美さん（以下、中山） P.22～のタイプ別でいうと、以前の私は「捨てベタ」&「しまいベタ」。高校時代、探すのにあわてたせいで服を裏返しに着たままデートに行き、恋がダメになったこともあります（笑）。でもある時、家中の不要品を捨てたら、世界がガラリと変わって！ あの時の感動をみなさんに伝えたくて整理収納の仕事を始めました。

鈴木奈保子さん（以下、鈴木） 私はBタイプで、収納は得意だけど、物を捨てる感覚が全然なくて。3畳の学生寮から1ルームマンション、結婚してさらに家が広くなっても、「収納場所が足りない」と常に悶々としてま

した。このままじゃダメだと思って整理収納の勉強をしたら、物を減らさなければどうにもならないことがわかって。豪邸に住まなくても片づけることができましたね(笑)。

篠原清子さん(以下、篠原)　鈴木さんと同じで私も片づけが大好きで、それが高じて建築士の資格をとり、以前はマンションを企画設計する会社で働いていました。ところが結婚して主婦目線で収納を見た時、設計者時代には見えなかったことがたくさんあって。それで自分で収納家具を手作りしたら、今度は物があふれかえってしまったんです。こんな経験を繰り返すうちに、自分が本当に好きなこと＝整理収納を仕事にしたいと思うようになりました。

鷲谷直子さん(以下、鷲谷)　私は夫の仕事で長い間外国暮らしをしていましたが、帰国したら、居住空間が1/3になってしまって。大きな外国製品は捨てざるを得なかったんです。それで整理収納講座を受けてみると、物には適正量があることや、手放す手順があることを初めて知り、〝目からウロコ〟の感動で！　整理収納についてもっと深く極めたいと思ったんです。ただ、一つ一つに出会いの物語がある、お気に入りの洋食器だけはどうしても処分できなくて。でも、そういう許しを一つだけ自分に与

お気に入りの洋食器だけは捨てられません。**自分に許しを与える**ことも必要だと思います

鷲谷直子さん

わしや・なおこ●インブルーム所属。17年間の欧州生活で多彩な生活スタイルを経験、それを生かして整理収納アドバイザーとして活躍。「物と心の整理のお手伝い」がテーマ

イギリス＆ドイツで暮らす間にコツコツと買い集めた、お気に入りの洋食器。「一つの器を通じて出会いの物語や景色が浮かび上がってきます。そのものから心の潤いや元気をもらえるなら、数を絞ってコレクションするのもOKだと思います」

中山さんたちが手がけた整理収納の実例

奥までパンパンに物が詰まっていた押し入れを大改造！　不要なものを処分して風通しを高め、清潔で使いやすい収納に

クロゼットいっぱいのおもちゃを整理。子供が片づけやすい空間に

えてあげることも必要では、と思っています。

中山　何もかも禁止すると心や部屋が殺伐とするし、一つ許すことで他のものをガマンできる効果もあるから、ＯＫです！

昔の服を捨てられないのは、過去の自分を懐かしがっているから

中山　若いご夫婦の場合、出産を機に片づけられなくなってしまうケースがとても多いですね。2人の時はすっきり暮らせていたのに、どんどん増えるベビー用品やおもちゃに対応できなくなってしまうんです。どの世代にも共通して言えることですが、生活環境に変化があった時は要注意。「捨て方」「しまい方」を見直してほしいと思います。

篠原　通販や海外量販店が充実して、買い物しやすくなったことも拍車をかけているのでは？　量販店でかわいい日用品をセット買いしたけど、結局使いきれないというのを最近、よく目にします。戸棚の一段がキッチンペーパーで埋まっていて、もったいないなあと感じたことも。

鈴木　安くてかわいいからつい手が伸びるんですよね。ゆで卵づくり器とか、××専用の道具が多い点も気になります。使いまわしがきかないから、結局、物が増えてしまって。

中山　そうやって増えたものを収めようとして、スキ間家具やアイデア収納グッズを購入するのが、典型的な「捨てベタ」さんです。買ってみたものの使いづらいので、処分するか家の隅に放っておく。そういう役に立たない収納グッズに、全部合わせて5～6万円かけているご家庭は決して少なくありません。

3人　わ～、もったいない！

鷲谷　「出産が終わってやせたら着る」「仕事に復帰する時に必要だから」と、昔の服をとっておく女性も多いですね。

中山　「子供服がいっぱいで片づかない」といいながら、実はお母さんのＯＬ時代の服のほうが多かった、というケースはよくあります。昔のものが手放せないのは、自由で輝いていたあの頃の自分を忘れられず、気持ちを過去に置いてきちゃってるから。かくいう私も、肩パッドが入ったコートをずっと捨てられませんでしたが(笑)。

鈴木　いざ着ようと思った時には流行が変わってたでしょう？

中山　そうなの！　捨てる決断

をするためにショック療法をやろうと思ってそれを着て出かけたら、パットの入り方が尋常じゃないからすごく恥ずかしくて。「今日は誰にも会いたくない!」って、ヒヤヒヤでした!(笑)。

片づけとは心と向き合うこと。心の問題が原因で片づけベタになる場合も

中山　捨てられない理由には、心の問題もあると思います。人間関係がうまくいかないとか、心のどこかに満たされない思いがあると、片づけられなくなる。なぜなら、片づけとは自分の心と向き合うことですから。それで、ふと気がつくと家中が大変なことになってるんですね。

鷲谷　玄関から荷物やゴミ袋が山のように積み重なっていて、5時間の片づけで45ℓのビニール袋50個分のゴミを出したお宅がありました。心に悩みを抱えていると、物の整理がつかず、ゴミの処分すらできなくなる場合もありますよね。誰だって散らかった家の中を他人に見せるのはイヤなもの。だから、勇気を出して私たちに応援を求めてきたのは、すごいことだなって。いっしょに片づけをしながら、〝心の凝り〟をほぐすお手伝いもできたらいいです。

以前は物の置き場と化していたバックカウンターの上をスッキリ片づけ、作業効率が格段に上がったキッチン

1年かけて衣装ケースが一つ空になる。ゆっくりだけど、お客様の変化がうれしくて

鈴木奈保子さん

すずき・なおこ●インブルーム所属。整理収納アドバイザー。結婚して、「限られた空間で快適に住まうことのむずかしさ」を実感。同じ悩みを持つ人々を助けるべく活躍中

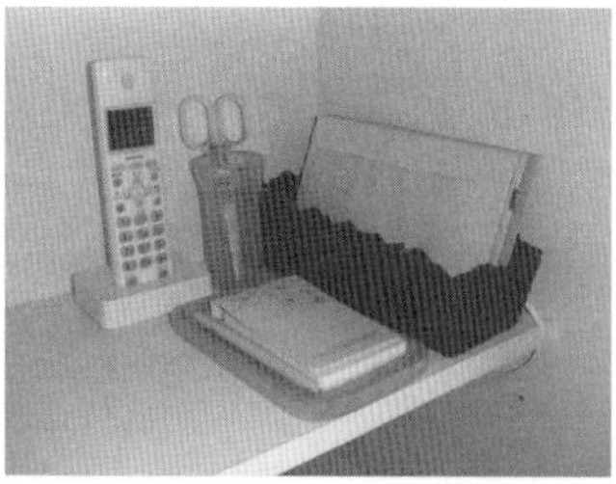

「不要なDMやチラシは玄関で処分しますが、すぐに判断できないものは電話機の横にあるカゴに一時置き。1週間を期限にチェックしてカゴを空にします」(鈴木さん)。開封用のはさみもすぐそばにあって便利!

夫や子供には専用の空間を確保。「自分で管理して」とまかせることも大事です

篠原清子さん

しのはら・きよこ●インブルーム所属。整理収納アドバイザー。設計士としての知識と経験を生かしたアドバイスや収納講座が好評。モットーは「物の整理を通じて自分を知る」

奥が夫のデスク。「カーペットを敷いて、彼の場所とその他の境界線に。模様替えが好きでちょこちょこやっていますが、夫のものに勝手に触れない、がわが家のルールです」

鈴木　誰でも、魔法のようにサッと家をキレイにできるわけじゃないんですよね。月1回、2年近く伺っているご家庭もありますが、3歩進んで2歩下がる、の繰り返しで、片づくまでにまだまだ時間がかかりそうです。

中山　人それぞれペースがあるし、スローペースの人だと2年くらいかかることも。だから、なかなか片づかなくても、悲観的にならないでくださいね！

鈴木　ご本人が苦しみながら少しずつ片づけて、1年後にやっと衣装ケースが一つ空になりました。ゆっくりだけどその変化がうれしくて。その方はまだ気づいていませんが、表情が明るく前向きになったし、家の中の空気感も変わってきました。

3人　わかる！　そういうお客様の変化を見るのが、この仕事の楽しさだし、喜びだよね！

片づけベタの夫には自分で物を管理させる環境づくりを

鈴木　自分はがんばって片づけているのに、夫や子供たちが散らかして困る、と相談されることもよくありますね。

中山　男性はコレクション好きで物が増えやすい傾向があるうえに、自分の所有物に勝手に触られるのをいやがるから。

篠原　うちの夫も、自分の居場所に対する〝聖域〟意識が強くて。勝手に動かすと不機嫌になるから、彼のデスクのまわりにカーペットを敷いて、「ここからはあなたの場所、勝手には触れません」って目に見える境界線にしたんです。それ以来、物の管理でケンカすることが減り、精神的にラクになりました。

鷲谷　「私がキレイにしてあげる」というのは、実は自己満足なのかもしれませんね。スペースをつくり、「ここはあなたの場所だから自分で管理して」とまかせたほうがいい結果につながると思います。

中山　それはお子さんも同じで、片づけやすい環境をつくってあげれば、自然と自分でやるようになるもの。はじめはうまくいかなくても、時間をかけて見守ってあげましょう。家族に小言をいう前に、自分は「捨てる」「しまう」をちゃんとやっているか確認してくださいね。お母さんががんばってキレイにしていると、家族の意識も必ず変わってきますから。

鈴木　周囲を変えたいと思ったら、まず自分が変わらなきゃ、ってことですね。

片づけの正解は多様です。自分だけの答えをぜひ見つけて

中山「時間がないから」というのも、片づかない理由としてよく挙がりますね。子育てしながら働いているとか、さまざまな理由で時間がない人は、5割程度まで物を減らすようにしましょう。物を減らせば管理にかかる時間も少なくてすみます。どれくらい減らせばいいかは、私の家の写真(P.12～)を参考にしてくださいね。

篠原　あらかじめ、物を増やさない＆散らかさない工夫をすることも大切ですね。マンションに住んでいてポストの前にゴミ箱があれば、不要なDMやチラシはそこで捨てて家の中に持ちこまない。テーブルやチェストの上のような場所に物を一時置きすると、散らかるきっかけになるから、その日のうちに片づける。私たちもこうした努力を日々続けています。

鈴木　眠いし、早くベッドに入りたいと思っても、がんばって5分でいいから片づけておく。すると、朝起きた時の気分が断然違いますから！

中山　最後に、片づけがうまくいくのに何が大事かというと、〝どんな家でどんな暮らしをしたいか〟という理想のイメージをしっかり持つことだと思います。理想がハッキリしていれば、それにふさわしくないものはスパッと処分できます。

鷲谷　はじめは漠然としていても大丈夫。家が片づいてくるにつれてイメージが次第にハッキリしてくるし、それにともなって片づけのスピードもぐんぐん上がっていきますから。

中山　私が整理収納の仕事をはじめてから5年になります。多くのご家庭で整理収納のお手伝いをしてしみじみ感じたのは、片づけは、そこに住む人によって全く違うということ。物の適量を示すデータもありますが、それはあくまでも目安です。ご自分のライフスタイルや家の収納量、好みなどを考慮して、〝自分だけの正解〟を見つけてほしいと思います。

整理収納アドバイザーからの片づけアドバイス

1. 「こんな部屋に暮らしたい！」が捨て上手の第一歩
2. 何か一つ自分に許すことが物太りのリバウンドを防ぐ
3. 家族に片づけさせたいなら、まず自分が片づけ上手に

Part 4

物の捨て時や
便利な収納グッズなど

お役立ち
インフォメーション

これだけあれば日々の暮らしに十分です！

生活用品とストック品の適量

物をためこまず、適量があることを知って、必要以上に持つのはやめましょう。生活スタイルによって、適量は変わるもの。数字はあくまでも目安と考えて、わが家の適量を見つけてください。

キッチン

フライパン……中・小各１個ずつ、中華鍋、卵焼き用各１個

料理好きで月に何回も来客があるという家庭でなければ、３～４個あれば十分。揚げ物は中華鍋もしくは深型のフライパンでＯＫです。フッ素樹脂加工のものは同じものを繰り返し使って、フッ素樹脂がはげてきたら取り替えましょう。

鍋……大・中各１個＋パスタ鍋１個

大きな鍋は煮物や、野菜をゆでたり、蒸し皿を足して蒸し物に。中鍋はお味噌汁をつくる時などに必要です。働く女性で、短時間で料理をつくりたい人は、圧力鍋を足しましょう。パスタ鍋は大鍋で間に合うようなら、あえて持たなくてもOKです。

食器・カトラリー類……家族の人数＋来客用３個

来客が多い家庭なら＋5個で。中皿の数を多くして、大皿料理でもてなせば椀類やボウルの数を増やさなくてすみます。箸は一本を繰り返し使い、先がはげてきたら取り替えを。

菜箸……１組を2セット

菜箸がセットになっていない場合は潔く手放し、新しいものに取り替えてください。

調味料（しょうゆ、ソース、ケチャップなど）……今使っているもの＋ストック１個

特売などで安くなっていても買わないでください。賞味期限が長いとはいえ、ストックが複数あると管理しにくくなります。毎日買い物に行くならストックゼロでもＯＫ。

乾物・粉もの（だしの素、かつおぶし、パスタ、小麦粉など）……今使っているもの＋ストック１個

キッチンは温度＆湿度が高く、乾物類の質が劣化しやすいので、できるだけストックは持たないようにして。

洗面所

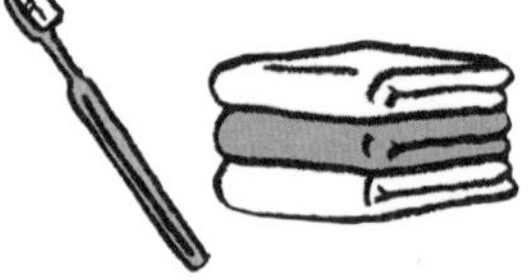

タオル（４人家族の場合）……フェイスタオル８枚、バスタオル８枚

タオルを毎日洗濯する場合。交換用のタオルを合わせて１人２枚分あればＯＫ。

洗剤、歯ブラシ、シャンプー＆リンス、石けんなど……今使っているもの＋ストック１個

特売などでついつい数を買ってしまいがちな洗剤や石けんなどのストック。今使っているものにストックが一つあれば十分です。サンプル用のシャンプー、リンスなどは長期保管せず早めに使いましょう。

クロゼット

下着……女性　ブラジャー＋ショーツのセット５組
男性　シャツ＋パンツのセット５組
子供　シャツ＋パンツのセット７組

毎日洗濯するなら、大人は上下５セットで十分です。子供は汗をかいたり、
水に濡らしたりしやすいので、余裕を持って７セット。ブラとショーツは同じ数を揃えて繰り返し使い、
下着のタグが傷んできたら総とっかえします。

ワイシャツ……仕事をしている人、1人につき７枚

クリーニングに出す場合は、取り忘れ＆出し忘れた場合を考えて、７枚用意します。
自宅でシャツを洗濯する人は５枚あれば大丈夫。襟とカフスが傷みやすいので、
ほつれ、袖口のすれが目立つようになったら、早めに取り替えを。

パジャマ……大人　夏物2枚、冬物1枚
子供　夏物2枚、冬物2枚

夏は毎日洗うことを考えて2枚、冬は汗をかかないので１～２日おきに洗濯をすると考えて１枚用意します。
子供は汗をかきやすいので、夏＆冬物ともに２枚必要です。

紙袋……大・中・小各５枚ずつ

紙袋は、買い物をするとすぐに増えます。大・中・小３種類、各５枚ずつのストックがあれば十分です。
お気に入りの紙袋でどうしても捨てられない人は、２枚だけ、など数を決めて保存を。

玄関

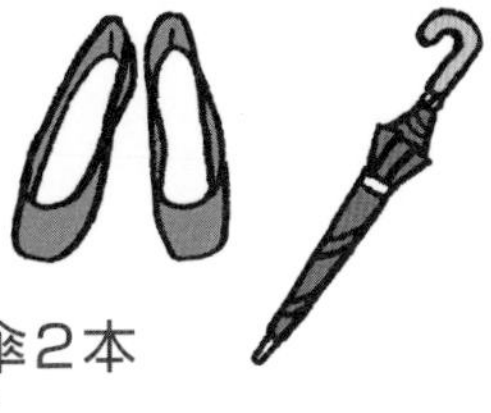

傘……長い傘を家族数、折り畳み傘２本
（1人1本は要りません）、日傘１本

基本的に予備は不要ですが、子供は傘をなくしたり、壊したりしやすいので、予備を１本用意します。
ビニール傘はなるべく持たないで。急に雨が降ってきて購入した場合は、なるべく早く手放して。

スニーカー……1人２足まで

スニーカーを日々履いている場合は、１人２足まで。
仕事柄、革靴で過ごすことが多い人は、お気に入りのスニーカーを１足持つようにします。

レインシューズ……1人1足

女性は、ブーツやレインブーツなどアイテム数が多くなりがちです。
特別な時に履く靴は、１アイテムにつき、お気に入りのものを１足にしましょう。

通勤用の靴……1人３足～５足

革靴は１日履いたら次の日は休めることが大事。３足～５足あれば、雨が降った時も対応が可能です。

収納グッズと服のたたみ方

片づけのできばえに差がつきます！

収納グッズはどれも同じ、衣類のたたみ方は自己流……これではいつまでたっても美しい収納にはほど遠いまま。収納グッズの正しい選び方と、出し入れしやすく美観もアップするたたみ方を知りましょう。

便利な収納グッズ

中山さんが1000軒以上もの
現場実践を通じて
これは便利と思った
優秀な収納グッズを
ご紹介します。

細かく分ける

浅いカゴ

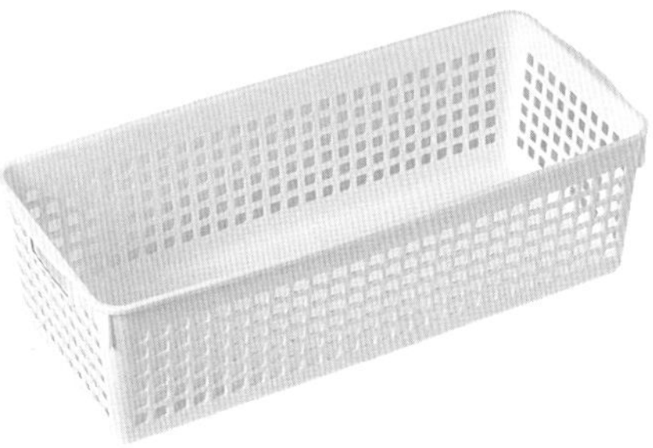

- **カトラリー**
- **下着、ミニタオルなど**

たたむとある程度の厚さになる下着や、カトラリーなどの収納に適しています。底に小さな穴があいているタイプのカゴもありますが、カトラリー収納には向いてないので注意を。100円ショップで購入できます。

仕切り付きのトレイ

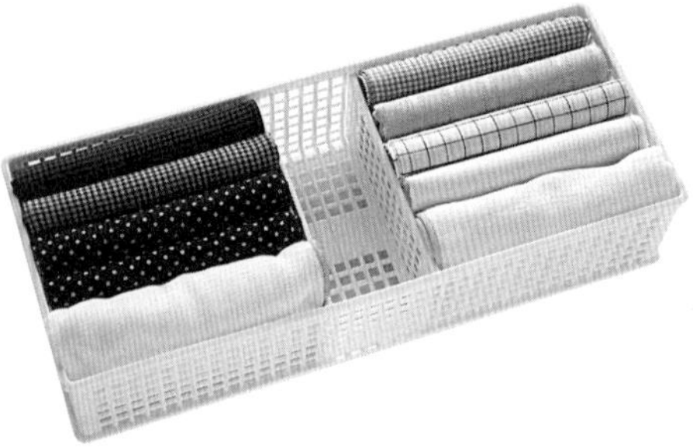

- **ハンカチ、靴下**
- **ふりかけなどの小袋類**

可動式の仕切りがついたトレイは、支えが必要なハンカチや薄手の靴下、ふりかけ・だしの素のような小袋類の収納にぴったりです。仕切りを動かせるか、確認してから購入して。100円ショップで手に入ります。

A4サイズのトレイ

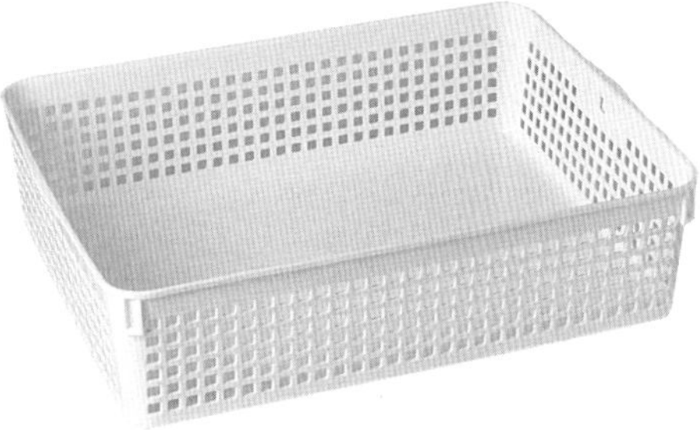

- **手紙セット**
- **おもちゃ**　• **冷蔵庫の整理**

便せん、封筒、ペンなど、手紙を書くのに必要な道具を1セットにまとめる、冷蔵庫内のこまごましたものをまとめる、おもちゃ、Tシャツのような衣類を入れる、など幅広い用途に使えます。100円ショップで購入可能。

吊り戸棚ストッカー

- **乾物類**
- **お弁当など**

食材やこまごました調理用品をキッチンの吊り戸棚に収納するのにぴったり。重さがあるものを収納できるように、取手が一番下までついているものがおすすめ。ホームセンターや通販で購入できます。

ファイルボックス

- **フライパン、鍋類**　• **調味料**　• **書類**

コンロ下に置いてフライパンや鍋を立てて入れる、しょうゆや酒など背が高い調味料を入れる、取扱説明書のような書類を入れる……など、さまざまな用途に活躍します。100円ショップ、文房具店などで購入可能。

小さなものをまとめる

ラタンバスケット

- **子供の帽子　• フェイスタオル**
- **Tシャツなどの衣類**

衣類、タオルの他、お茶、乾物などキッチンの袋物をまとめるのに使ってもOK。長方形バスケット（小）　幅36㎝×奥行26㎝×高さ12㎝　2300円（無印良品）

アクリルケース

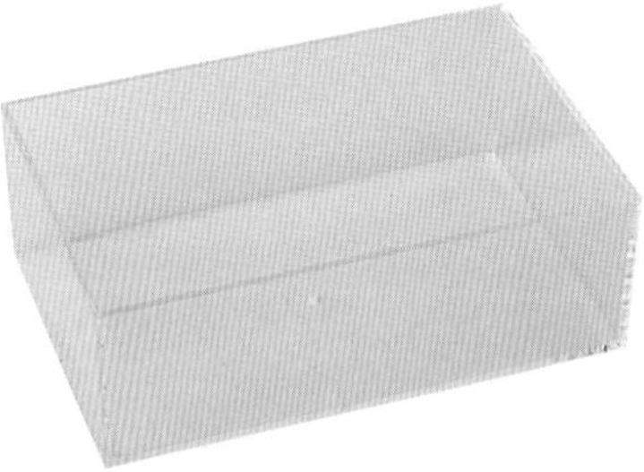

- **化粧品　• マニキュア**
- **ヘアクリップ**

洗面所のこまごましたものをまとめるのに、ちょうどいいサイズ。マニキュアやメイク用品のようなカラフルなものは、透明なケースに収納するとすっきり見えます。文具類の整理に使っても。100円ショップで購入可能。

ラベリング

ラベル

- **衣装ケース、カゴ類**
- **保留BOX**

「使ったら戻す」を徹底するには、収納用品に中身を書いたラベルを貼ることが不可欠。手書き、プリンタで印刷どちらもOKで、キレイにはがせます。ポストイット®ラベルシール（はがきサイズ12面）　420円（エーワン）

深さのあるカゴ

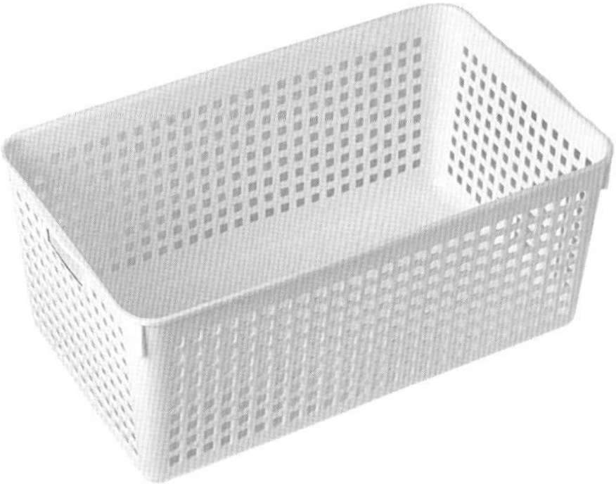

- **洗面台下のストック類**
- **キッチンのシンク下のストック類**

シャンプー＆リンス、洗剤など背の高いボトルや袋のストックに。また、システムキッチン下段にある、深い引き出しの中の整理にも便利です。粉ものや乾物、調味料のストックなどを入れて。100円ショップで購入可能。

小トレイ

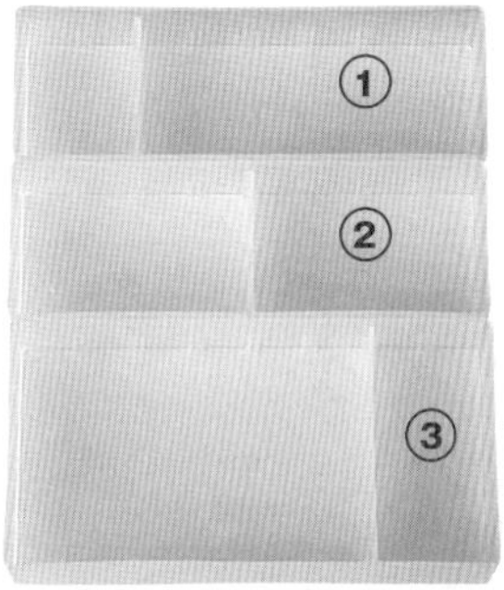

- **洗面台の引き出しの仕切り**
- **文具**
- **リビング雑貨**

洗面所の小物整理やリビング雑貨の分類整理などに活躍。（写真上）デスク内整理トレイ。①・②幅20㎝×奥行6.7㎝×高さ4㎝　各180円　③幅20㎝×奥行10㎝×高さ4㎝　200円（すべて無印良品）　組み合わせでいろいろ形を変えられ、3つ合わせると四角い引き出し内の整理にぴったり。（写真下）100円ショップのアクリルトレイ

大きなものをまとめる

バンカーズボックス

- **保留品の一時保管**
- **思い出BOX**

紙製の軽さと耐久性を兼ね備えていて、耐荷重は30kg、積み重ねもできます。迷って捨てられないものの一時保管や、子供が作った工作品などの思い出BOXに。幅34.5㎝×奥行41㎝×高さ26.5㎝　1830円(アスマル)

ポリプロピレンケース

① クロゼット用(子供服、下着など)
② 押し入れ用(季節外の衣類など)
③ クロゼット用(今着る服)

収納場所や衣類の大きさに合わせて使い分けましょう。たとえば、①は子供服や下着、Tシャツなど。②は押し入れ用で、季節外の衣類の保管に。③はクロゼットに置いてカットソー、セーター、ジーンズなど、今着る服の収納に。①幅34㎝×奥行44.5㎝×高さ18㎝　1000円　②幅40㎝×奥行65㎝×高さ24㎝　1500円　③幅44㎝×奥行55㎝×高さ24㎝　1500円(すべて無印良品)

仕切る

ブックエンド

- **衣装ケース内の仕切り**
- **バッグの仕切り収納**

衣装ケースや引き出しの仕切りにおすすめ。スキ間があっても衣類が型崩れしないし、季節が異なる衣類の仕切りとしても使えます。自立しにくいバッグを収納する仕切りに使っても。購入は100円ショップで。

仕切り棚(アクリル)

- **食器棚の仕切り**
- **キッチンカウンターの整理**

透明で圧迫感がないので、物が多いキッチンの整理におすすめ。食器棚に置いて空間を上下に仕切り、収納量を増やす、カウンターに置いて調味料の整理などに。幅26㎝×奥行17.5㎝×高さ10㎝　540円(無印良品)

コの字ラック(スチール)

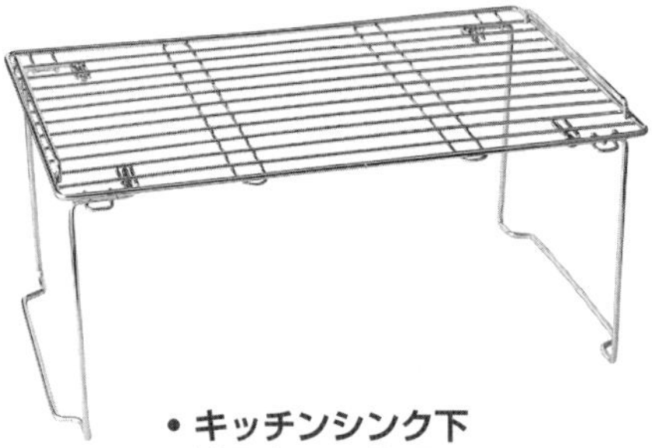

- **キッチンシンク下**
- **洗面台下の整理**

シンク下や洗面台下のような広い収納場所は、コの字型ラックを使って空間を上下左右に仕切ると、使いやすくなります。衛生面と耐久性を考えると金属製のものがおすすめです。ホームセンターなどで購入できます。

衣類を上手にしまうコツ

衣類をしまう時にちょっと工夫をするだけで、きっちり入らない、出し入れのたびにゴチャつくといった、収納ストレスを解消できます！

衣類ケースを縦にして入れる

Tシャツやカットソー、ニット類は、立ててしまうと探しやすくて便利です。この時、衣装ケースの内箱を写真のように縦にして、衣類を下から上へ積み重ねていくと、重ねた衣類の重さで収納量が２～３割増えます。

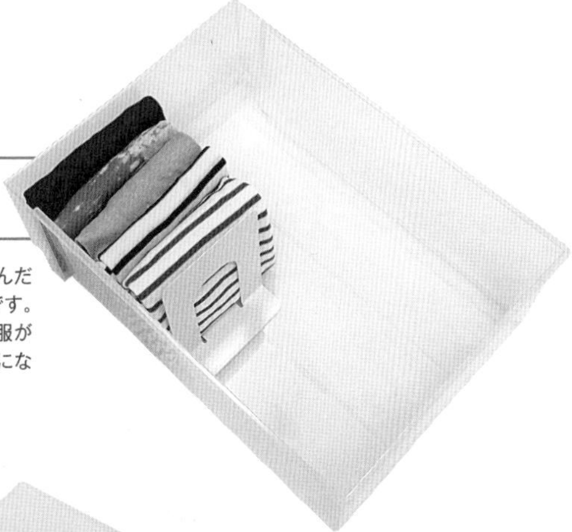

輪を上にする

ブックエンドで仕切る

衣装ケースや引き出しに衣類をしまう時、たたんだ服の〝輪〟の部分を上にすると、出し入れがラクです。ブックエンドを仕切りにすると、数が減っても服が型崩れしないし、出し入れする時に衣類が乱雑になりません。

収納グッズや
たたみ方も片づけの
重要なポイントです

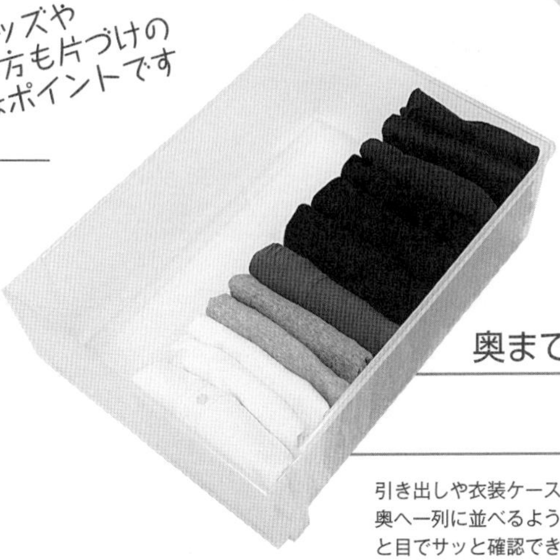

奥まで見やすく一列に

色別にする！

引き出しや衣装ケースに衣類をしまう時、手前から奥へ一列に並べるようにすると、ワードローブをひと目でサッと確認できて便利です。また、色別に並べておくと、「黒いシャツを２枚持っている」など服の管理をしやすくなります。

アスマル　http://www.asmaru.com
エーワン　☎03･5687･4140
無印良品　有楽町　☎03･5208･8241

女性の衣類

たたみ方のコツ

たたみ方の基本は、収納用品の幅や高さに合わせて四角い形にすることです。キレイに収まり、出す時にゴチャつきません。

セーター

1 **後ろ身ごろを上にして床に平置きする**

2 **収納用品の幅に合わせて両袖を内側に折りたたむ**

3 **収納用品の高さに合うように下から⅓をたたむ**

4 **さらに、上から⅓をたたんで四角い形にして完成**

カップ付きキャミソール

1 **前身ごろを上にして平置きする**

2 **半分にたたみ、両方のカップを重ね、肩紐を中に入れる**

3 **長さを収納用品の高さに合うように三つ折りにして完成**

ストッキング

1 **両足を伸ばして床に平置きする**

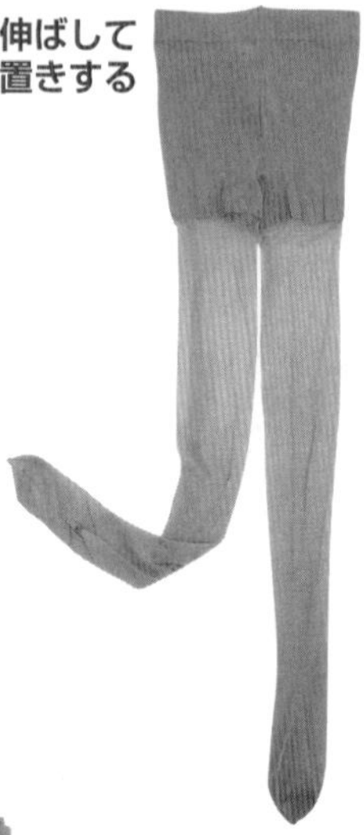

2 **両足を重ねて二つ折りにし、さらに二つ折りに**

3 **¼の長さにたたんで四角形に。ウエスト部分を裏返して全体をくるりと包む**

赤ちゃんの服

スタイ

1 前側を下にして床に置き、片サイドを半分まで折る

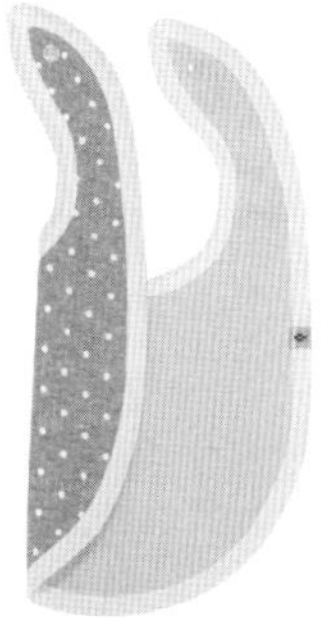

2 反対側も半分に折り長方形になるように形を整える

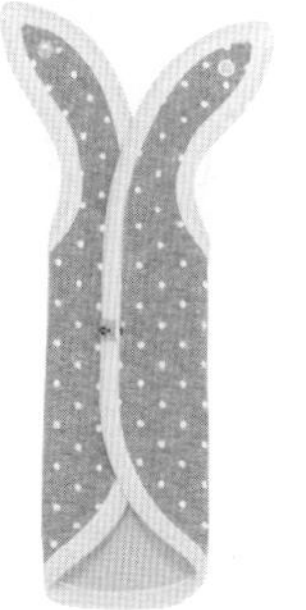

3 首にかける部分を内側に折り、さらに上から⅓まで折る

4 裾から内側に折り、四角形に整えて完成

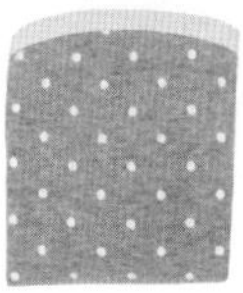

ロンパース

1 後ろ身ごろを上にして置き、両サイドを内側にたたんで長方形にする

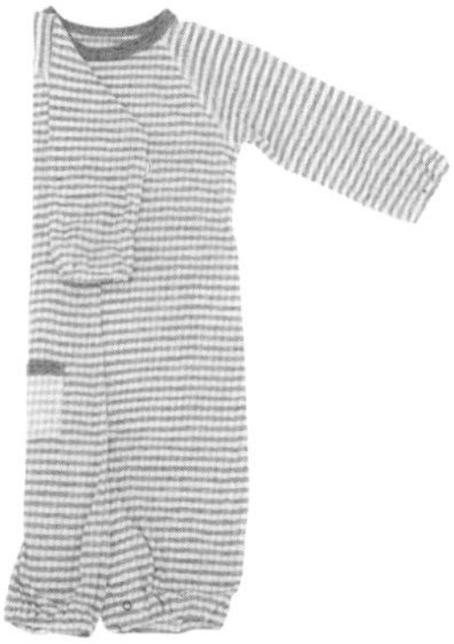

2 収納用品の深さに合うように、下から⅓を内側に折る

3 さらに上から⅓を折り、四角い形にしてできあがり

男性の服

下着

1 床に平置きする

2 両サイドを内側に折り、長方形になるように形を整える

3 ウエストを真ん中までたたみ、股の部分をウエストに入れる

パンツ

1 床に平置きにして、二つ折りにたたむ

2 裾を真ん中まで折り、裾を内側に入れる

3 収納用品に合わせるようにさらに二つ折りにして、完成！

捨てられるものがまだまだあるはず!

たまりがちなものの捨て時の目安

お守りや薬、結婚式の引き出物などは
捨てていいものかどうか悩むし、
そもそも〝捨て時〟がわからない。
だからたまる一方で……。
そんな品物の捨てるタイミングを教えます!

即捨てるべし!

傘

破れたり骨や金具が壊れたりした時はもちろん、色落ちや汚れが目立つものも捨て時のサイン。各自治体のルールに沿って捨てて。

植木鉢

ヒビが入ったり、割れたりした植木鉢はとっておいても使えません。捨ててOK。廃棄の仕方は自治体によって違うのでルールに従って。

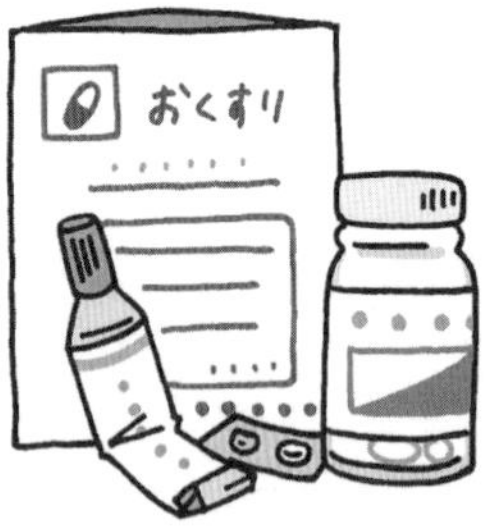

薬

市販薬は使用期限が過ぎたら即捨てて。病院の処方薬は日数内で飲みきることが前提です。できるだけ飲みきり、残ったら処分を。

聴かなくなったCD、見なくなったビデオ

そう言えばあのCD聴いてないな、と思った時点で捨て時です。音楽はいつでもダウンロードできるし、ビデオはレンタルすればOK。

半年で捨てる

化粧品のサンプル

化粧品のサンプルは長期間保存することを意図して作られていません。肌に直接つけるものなので、半年以内に使いきりましょう。

香水

香りの好みが変わったら、処分しても後悔することはありません。排水口に流さず、新聞紙、ボロ布などにしみこませて捨てます。

2年で捨てる

引き出物

引き出物はなかなか捨てにくいもの。２年間手もとにおくことで、〝相手の気持ちをしっかり受け取った〞と、自分を納得させましょう。

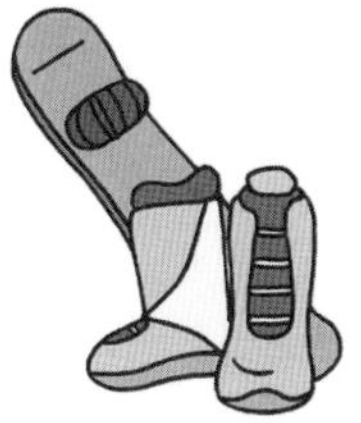

スポーツアイテム

スポーツ用品は２シーズンやらなければ処分するか、リサイクルに。２年たつと性能やデザインが進化、そちらを欲しくなるはず。

手紙

新年の年賀状が来たら、２年以上前のものは住所がわからないようにして処分。その他も、特別な思い出があるもの以外は処分を。

1年で捨てる

健康器具

使わなくなって２～３カ月で捨てるべきですが、高価な器具の場合、自分を納得させるためにも、１年間おいて、使用しなければ処分を。

給与明細

給与明細は住宅ローンを組む際に必要になる場合を考えて、過去１年分を手もとに置いておきます。処分する時は細かく切って。

捨てにくいものは……

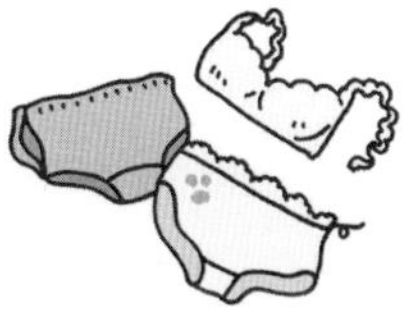

下着

捨て時は個人差がありますが、下着のタグが古くなったら処分という方が多いようです。外から見えないようにゴミ袋に入れて処分。

不用になった パソコン、携帯電話

ともに個人情報の扱いに要注意。パソコンは購入メーカーに連絡して引き取ってもらい、携帯電話は各電話会社のショップで処分を。

お守り

お守りは捨てるのではなく、神社に返納します。もらった神社が遠ければ、地域の神社でもＯＫ。懐紙などに包んで納めましょう。

ぬいぐるみ

小さなお子さんには、〝大好きなお菓子をいっしょに入れてバイバイすれば、ぬいぐるみも寂しくないよ〞と言ってあげましょう。

数を減らしてストック

映画や芝居の パンフレット

数が増えるので、本当におもしろかった作品のものだけ残して処分。絶対に欲しい、と思った作品のもの以外は買わない気持ちも必要。

アクセサリー

２シーズン身につけないと、その後は使わない可能性大。よく使うものだけ残し、キレイなものはフリマなどへ。残りはゴミとして処分。

思い出の品、写真

旅先で買った人形など思い出の品は増える一方なので、お気に入りを残して処分。写真もいい表情のものだけ選び、残りは捨てて。

子供の工作

幼稚園などで作った子供の工作は一定期間飾ったら、残す・残さないをセレクト。写真に撮って思い出を残す、という手もあり。

紙袋

大・中・小、３種類の紙袋を５枚くらいずつ残し、あとは可燃ゴミに。どうしても必要な時以外は「要りません」と言う心構えも必要。

誰かに使ってもらえるなら手放せる!? リサイクル、フリマ、寄付情報

まだ着られる、使えると思うと捨てられない……という人は、リサイクルショップやフリマ、寄付を活用してはどうでしょうか？　きっと、手放しやすくなりますよ！

リサイクル

衣類やバッグ、CDから家電製品など、扱う商品が多様化しています。捨てる前に、売ることができるか確認してみては。

自分で価格を決められるのも魅力

Catona（カトナ）

ハイブランドやセレクトショップの商品を多く扱う。買い取りではなく委託販売なので、自分で受け取り価格をつけられ、お気に入りの服だから少しでも高く、という時は利用する価値あり。持ち込み、宅配(全国送料無料)のどちらもOK。

ショップは閑静な住宅街の駅近くに多く、外観・店内ともにおしゃれで明るく入りやすい

●店舗エリア／東京都(自由が丘、学芸大学ほか)、神奈川県(藤沢、逗子ほか)、兵庫県(神戸)など31店舗を展開　**●委託販売**／専門スタッフによるおまかせコース、希望受け取り額を自分で決めるコース　**●取り扱い商品**／カジュアル、有名ブランドの服、バッグ、靴、アクセサリーなど　●http://catona.jp/

自社製品をいつでも引き取り

ユニクロ

ユニクロとg.u.(ジーユー)では、ユーザーが着なくなった自社製品の衣類を、一年中いつでも無料で引き取る〝リサイクル活動〟を実施。引き取られた衣類は世界各地の難民キャンプに寄贈されたり、工業繊維としてリサイクルされている。

リサイクルした商品が資源になったり、困っている人の助けになったりするのがうれしい

●店舗エリア／北海道から沖縄まで、全国に展開するユニクロと、グループストアのg.u.でリサイクルを行っている　**●引き取り**／同社の製品なら、一年中いつでも引き取ってくれる　**●取り扱い商品**／ユニクロ、g.u.で販売している衣料品が対象　●http://www.uniqlo.com/jp/

カジュアルからブランドまで幅広く

RAGTAG（ラグタグ）

カジュアル系、モード系のファッションを扱うRAGTAGと、スーパーブランド中心のrt、2タイプのショップあり。高額商品や点数が多い場合、宅配買い取りや自宅での出張買い取りもOK。子育て中で出かけられないママにはうれしい。

RAGTAG渋谷店は広々とした店内に豊富な品揃え。3Fにはカフェ併設の買い取り専用フロアも

●店舗エリア／渋谷、新宿、吉祥寺、心斎橋など（以上RAGTAG)。銀座、名古屋、福岡など(以上rt）　**●買い取り方法**／持ち込み、宅配(送料無料)、自宅での査定　**●取り扱い商品**／カジュアル、スーパーブランドの洋服、バッグ、アクセサリー、子供服など　●http://sell.ragtag.jp/pc/

※掲載している情報は平成23年10月5日現在のものです

ネット専門で買い取り価格に期待！

ブランディア

CMでもおなじみ、ブランド品専門のブランディア。ネットによる買い取り専門で、店舗維持費や人件費がかからないため、高額での買い取りが期待できると評判。査定価格が気に入らなければ返品も無料なので、まずは査定に出してみては。

高値のコツは、キレイに手入れをして、箱や保存袋、保証書など付属品も一緒に売ること

●店舗エリア／ネット専門で店舗はなし **●買い取り方法**／宅配（送料無料、専用の宅配キットあり）。買い取りは１点からOK。査定の結果はメールやFAXで受けとることができる **●取り扱い商品**／有名ブランドの洋服、バッグ、財布、アクセサリー、時計、靴など ●http://brandear.jp/

子供用品を売るならココ！

ベビー用品と子供服リサイクル ぴよこ

埼玉県内にあるお店への持ち込みもOKだが、買い取りも販売もネットがメイン。ベビーベッドやベビーカーなどの大型商品は専用の梱包材を送ってくれるので、送り方で頭を悩ませなくてすむ。受け付けは、シミや汚れのない洗濯ずみの商品に限る。

買い取り価格の相談には、スタッフが丁寧に応対してくれるので、初めてでも安心

●店舗エリア／埼玉県 **●買い取り方法**／持ち込み、宅配（送料無料）どちらもＯＫ。大型商品・新商品はネットで見積もりができる。その他は基本的に価格はお任せ（簡単な見積もりも） **●取り扱い商品**／子供服、大型遊具、育児用品、ゲーム、おもちゃ、教材、絵本など ●http://www.piyoko.com/

PC、カメラなど機械ものに強い

ハードオフ

電気製品を扱うハードオフのほか、家具・インテリア・アパレルのオフハウス、古着のモードオフなど複数のリユースショップあり。製造５年以内の電気製品が買い取り対象。ブラウン管テレビの引き取りも。迷ったら問い合わせてみて。

見た目がキレイなほうが高値に。マニュアルなど付属品が揃っているのも高値で売るコツ

●店舗エリア／沖縄をのぞく全国都道府県に658店舗を展開している。東京は町田、大泉学園など多数あり **●買い取り方法**／持ち込み、自宅での出張買い取り **●取り扱い商品**／パソコン、カメラ、テレビ、携帯音楽プレーヤー、楽器、腕時計、ゲームソフトなど ●http://www.hardoff.co.jp/

着物を売るなら専門店がおすすめ！

リサイクルきものショップ たんす屋

買ってはみたけど、着る機会がなくて、という着物は、リサイクルに。たんす屋では、着物業界に長く携わっているベテラン査定人が価格を決定。買い取りは原則、絹の着物と帯で、ウールやポリエステルは希望があれば、無償での引き取りに。

着物専門というとハードルが高そうだけど、たんす屋のショップは気軽に入れる感じが◎

●店舗エリア／全国22の都道府県に展開している（北海道、宮城、長野、神奈川、千葉、愛知、京都、大阪など。東京は浅草、日比谷、原宿など） **●買い取り方法**／持ち込み、宅配（送料無料、専用の宅配キットあり）、自宅での出張買い取り **●取り扱い商品**／着物、帯など ●http://tansuya.jp/

寄付

自分には不要でも、それが誰かの役に立つならうれしいもの。状態がよく、キレイなものを贈るのがマナーです。

賞味期限前の食品を募集

セカンドハーベスト・ジャパン

賞味期限前でまだ食べられるのに廃棄されてしまう食品を、メーカーや農家、個人から引き取り、福祉施設や路上生活者など、食料を必要としている人々のもとに届ける。東日本大震災では、岩手・宮城・福島など、被災地の避難所や仮設住宅に暮らす人々に支援の食料品を送っている。

●寄付できる物／米、インスタント食品、調味料、飲料など。賞味期限まで1カ月以上あり、未開封・常温で保存できるもの　**●寄付の方法**／団体事務所（台東区）に郵送、送料は寄贈者が負担　●http://www.2hj.org/

ランドセル、学用品を途上国へ

ジョイセフ

世界中の女性が、安全に産み育てられる環境を実現するために活動している、民間の国際協力ＮＧＯ。国連のような国際機関や現地ＮＧＯなどと連携して、保健分野の人材養成、募金、物品寄贈など多彩なサポートを行っている。'07年から、元国連事務次長の明石康さんが会長を務める。

●寄付できる物／ランドセル、学用品、使用済みの切手、書き損じのはがき、使用済みインクカートリッジなど　**●寄付の方法**／団体事務所（新宿区）に郵送、送料は寄贈者が負担　●http://www.joicfp.or.jp/

本やCDの買い取り代金を寄付

ピースウィンズ・ジャパン

紛争や災害、貧困などで苦しむ人たちを支援するべく、'96年に設立された国際協力ＮＧＯ。モンゴル、スリランカ、ハイチなど世界８カ国で活動。「ブックオフ」と提携して「ブックキフ」を実施。不要になった本、CD、DVDなどをブックオフが買い取り、その代金を寄付するシステム。

●寄付できる物・方法／本、CD、DVD、ゲームソフトをブックオフが買い取り、代金を寄付する「ブックキフ」、書き損じや未使用のはがきを寄付する「ハガキフ」（送料負担）がある　●http://www.peace-winds.org/

世界の難民や被災者に衣類を寄贈

日本救援衣料センター

'82年、リサイクルによる中古衣料の有効活用を目的に設立。'00年にＮＰＯ法人となり、紛争や災害などによって困窮を極める世界各地の難民・避難民や、自然災害の被災者を対象に衣料品の配布を行っている。'11年は岩手、福島など東日本大震災の被災地にも、冬物の衣料などを寄贈。

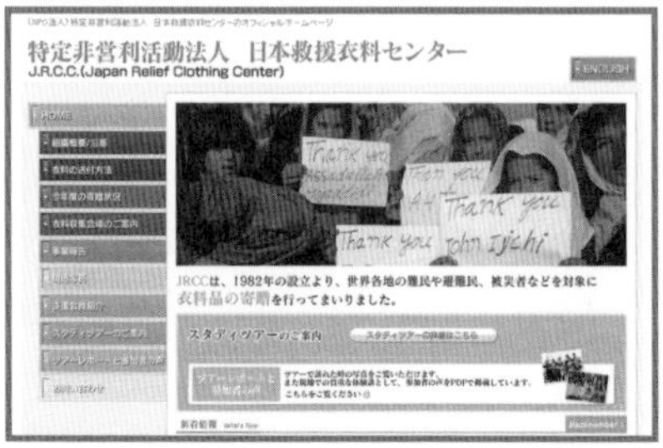

●寄付できる物／衣類、毛布、タオル・下着（新品のみ）　**●寄付の方法**／同センター倉庫（兵庫県）に郵送、送料は寄贈者が負担。別途、海外輸送費の負担（10kg1500円程度）あり　●http://www.jrcc.or.jp/

※掲載している情報は平成23年10月5日現在のものです

フリーマーケット

家族みんなで参加してイベント気分で盛りあがったり、お客さんとのやり取りを楽しめるのもフリマの魅力。

フリマ情報の詳細をチェック!

Latte（ラテ）

全国のフリーマーケット情報を紹介。開催期間や場所へのアクセスといった基本情報はもちろん、出店店舗数や出店料、出店できる場所のサイズなど、知っておきたいデータも詳しく掲載されている。さらに、フリマごとの特徴も解説され、自分が売りたいものと、そのフリマの傾向が合っているかを確認できるのもうれしい。賢く参加するためのコツも要チェック。

●http://fashioncity.jp/market/

フリマのノウハウも詳しく解説

フリマガイド fmfm.jp

フリーマーケット専門の情報サイト。日本全国のフリーマーケットの開催情報をチェックできる。カレンダー形式なので、「●月×日くらいにやりたい」など、自分のスケジュールに合わせて参加できそうなフリマを、すばやく検索できるのが魅力。値付けのやり方や、大量の荷物の持ち込み方法なども詳しく解説されていて、フリマビギナーには心強いガイドに。

●http://furima.fmfm.jp/

被災者が求める物資を紹介

ボランティアプラットフォーム

東日本大震災をきっかけにマッチングサイトを発足。掲示板を通じて、被災者の「こんな物資や人材が必要です」という支援要請と、全国の「こんな品物を寄贈したい」「ボランティアをしたい」というサポートをマッチング。東北の被災地に本当に必要な人材と物資を届けるために活動中。

●寄付できる物／衣類、毛布、食料品、家電製品、自転車など、被災地からニーズのあったもの **●寄付の方法**／被災地の個人、NGO、行政に直接送付 ●http://b.volunteer-platform.org/

古着やワクチンを寄贈

eyeco（アイコ）

「eyeco」はリクルートが運営するショッピングサイト。サイト上で「古着deワクチン」を注文すると、ポリオワクチン（100円＝５人分）が寄付される。また、クロゼットの奥で眠ったままの服などを郵送すると、アフリカ、中東、東南アジアなどの発展途上国でリユースされる。

●寄付できる物／衣類全般 **●寄付の方法**／ネットで専用の宅配伝票を注文し、それを貼って送付。後日、「eyeco」の買い物に利用できるクーポンをプレゼント ●http://eyeco.fcart.jp/e/ey0000007/

「捨てる」ルール、「しまう」ルールを実践するために覚えておきたい8つのこと

「捨てる」ルールを実践したいけど、まだためらっている人、キレイになった状態をどうキープすればいいか、模索中の人……。スッキリした暮らしに憧れるすべての人に贈る、中山さんからの助言集です。

1 結果が見えやすい小さな場所から「捨てる」ルールを実践する

たとえば、クロゼットのような大きな空間で、いきなり「捨てる」ルール、「しまう」ルールを実践しようとしないでください。
衣類を全部出してみたものの、その量の多さ、多様さに圧倒されて、何から手をつけていいのかわからなくなってしまいます。
そして、「片づけなんてめんどうでイヤ」と、ますます物を増やしてしまうかもしれません。
私たち整理収納アドバイザーは、日々、実践を積んでいます。だから、どんな空間の収納にも対応できます。
でも、「捨てる」ルールビギナーの人は、すぐに結果が見える小さな場所から取り組んでみてください。
たとえば、お財布から不要な領収書や、ポイントカードを抜き出して捨てるだけでもよいのです。
もう少し自信がある人は、キッチンや洗面台の引き出し一段から始めましょう。小さな空間でも、キレイになると気持ちに弾みがつきます。
そしてもっとやりたい、家の中をキレイにしよう！と、必ずやる気が湧いてきますよ。

2
時間がない人こそ「捨てる」ルールに取り組んで

何かとやることが多く、みなさん、
本当に多忙な毎日を送っていると思います。
でも、忙しいからこそ、家の中がスッキリ
片づいていたら、もっと効率よく家事ができるし、
探しものの時間も減ってラクなのに、
と私は思うんです。
忙しい時に限って、不要なものに埋もれて
大切なもの、必要なものが見つからない。
それで、ますます気持ちがあわただしくなって、
イライラしたりしますよね。
時間がない人は、一気に片づけようと
思わないようにしましょう。
買い物や仕事から帰ってきた時に数分だけ、
寝る前に5分だけ……など、
ほんの少しの時間でいいから、
日々、捨てる習慣を実践してください。
たとえ数分でも毎日繰り返せば、
必ず家の中はキレイに片づいていきます。
スッキリする心地よさを味わうと、
限られた時間の中でも頑張ってみよう、
と、さらに意欲が湧いてきます。

3
「もったいない」は禁句です！

まだ着られる服や、ほとんど使ってない
食器を処分するのは、とても〝もったいない〟ですよね。
でも、不要なものが家の中の大事な空間を
占拠しているのはもったいなくないでしょうか？
その空間にも家賃やローンを払っているのです。
また、部屋が雑然としていると、
必要なものがすぐに見つからず、
しょっちゅう探しものをするようになります。
毎日5分の探しものでも、1年たてば30時間にも！
これぞ、時間のムダづかいですよね。もったいない！
今の自分に必要ないと思ったら、
潔く捨てる決断をしましょう。
その時、なんてムダなものを買ってしまったのだろう、
〝もったいない〟ことをした、
と感じることが大事なのです。
心の痛みを経験することで、
次回から慎重に物を選ぶようになるし、
ゴミになるかもしれないものを、なるべく
家に持ち込まない習慣もつきます。

4 「捨てる」ルールにムリは禁物です

慣れないうちはなかなか捨てる決意を
できなかった人でも、経験を重ねるにつれて、
びっくりするくらい決断が早くなってきます。
それはとてもすばらしいことですが、
「どんどん捨てなくちゃ」「何がなんでも物を
減らさなければ」と、自分にプレッシャーを
かけすぎないように気をつけてください。
実は、心の底では納得してなかったり、
あまりに一気に物を処分したりすると、
「なぜ、あれを捨ててしまったのか」と
後悔がつのり、かえって物を捨てられなく
なってしまうのです。
「捨てる」ルールの目的は、
〝捨てる〟ことではなく、
その人にとって〝必要なもの〟を残すことです。
そして、その行為を通じて
自分にとって心地よい暮らしとは？　を
考えるきっかけにしてほしいのです。

5 不要なものを家に入れない心がけも大事

日々、届くチラシやダイレクトメール、
通販のカタログ……。
お店でもらう食品や化粧品のサンプルもあります。
それら全部に目を通していますか？
本当に使っていますか？
お客様のお宅に伺うと、長い間使わないままの
サンプルが箱いっぱいに詰まっていたり、
未開封のまま床に積んであるカタログを
目にすることがしばしばあります。
一つ一つは、それほど大きなものではないし、
置き場所も取らないかもしれません。
でも、問題なのは「不要なものを安易に家に
入れてしまう」、という行為なんです。
いったん家に入れてしまったものを
ゴミとして出すのは大変ですよね。
ですから、たとえば玄関に紙袋を用意しておいて、
部屋に入る前にチラシやDMを捨ててしまう、
必要ないカタログは受け取り拒否の通知をする、
不要な試供品はもらわない、
といったことを習慣づけましょう。
今の時代、油断していると、どんどん
使わないもの・不要なものが家に入ってきますから。

6 買うは捨てるのはじまりです

どんなものにも寿命や〝捨て時〟があり、
すべてのものがいつかゴミになります。
そしてそれは、買った時から始まっています。
「バーゲンで安かったから」、
「なんとなくいいかなと思って」というような、
安易な気持ちで物を買わないようにしましょう。
「これを買ったら何回使うだろう」
「一つ物が増えるから、そのぶん、
何か一つ処分しなければ……」
「これはバーゲン価格だけど、
もし正価だったら果たして買うだろうか?」
購入前に、こんなことをイメージしてほしいのです。
それだけでも、ムダ買いを防ぐのに
絶対役立ちますから!
「捨てる」ことの大変さを思い出して、
すぐゴミになってしまうムダ買いとは
もう、サヨナラしてください。

7 夫のものを勝手に捨てるのはNG

たとえ仲のいい夫婦でも、夫が大事にしているものを
断りもなく処分するのはやめましょう。
大きな箱を用意して、「捨てたい」と思う
夫のものをどんどん入れて封をし、
「1年間、この箱を開けて使うことがなければ、
箱ごと処分するからね」と伝えます。
そのままで1年たったら、即捨てても大丈夫!
フィギュアのような趣味のコレクションも、
放っておくと、どんどん数が増えてしまうもの。
寝室でもリビングの一角でもいいので、
夫のために小さな場所を確保してあげて。
そして、「好きなものを置いていいけど、
絶対にはみ出さないでね」と本人に管理させます。
子供も同じですが、自分だけのスペースを与えられると、
不思議に、キレイにしなければ、
という気持ちが働くものなのです。

8 リバウンドのサインを見逃さない！

リビングにあるローテーブルや、
ダイニングキッチンのカウンター……こうした、
目につきやすく、ある程度の広さがある場所は
〝一時置き〟には絶好の場所です。
「捨てる」＆「しまう」ルールを実践して
暮らしやすい家にしたはずなのに、
最近、新聞や読みかけの雑誌、脱いだ服などの
置きっぱなしが目につくようになってきた、と感じたら、
それは〝物太り〟のリバウンドが始まっているサインです。
あわてて片づけるよりも、まず、リバウンドの原因を
考えましょう。「捨てる」ルールが緩んで、
物が増えてしまったのかもしれません。
あるいは、子供の進学や、自分の再就職など
ライフスタイルが変化して、持ち物が変わったのに、
収納は以前のままで出し入れしにくいのかも。
もし、人間関係や仕事の悩みで片づける元気が
出ないというなら、まず、そちらの問題に
取り組む必要があります。
大事なのは、サインを見逃さないこと。
家の中が乱れてきたと感じたら、
今の収納を再検討して、自分なりに
調整していきましょう。

私たち、「捨てる」ルール、「しまう」ルールで暮らしが変わりました！

中山さんとともに「捨てる」ルールを実践して、「生活が変わった」
「考え方が変わった」という体験者の声をいくつかご紹介します。

**LEEの取材で中山さんに来ていただいて、
「捨てる」ルールをいっしょに実践しました。
あまりにも大量のものを一度に捨てたので、
大丈夫かなあ？　と不安になりましたが、
その後、捨てて困ったものはなかったし、
今も、あの時の状態をキープできています。
そして、ほかの部屋も片づけはじめました！
（M・Tさん）**

**物が少なくなると、体の中も
キレイになった気がして、
晴れ晴れとした気持ちになります。
（M・Kさん）**

**その場の軽いノリで
「買っちゃえ～」ということが
なくなりました。必要なもの以外、
家に持ち込まない、を徹底！
（A・Oさん）**

**雑然としていたわが家が、スッキリ
片づいてすごくうれしいです。
今まで片づけぎらいだった私が、
物を元に戻し、〝汚部屋〟にならないように
気をつけるようになっただけでも、
大進歩だと思っています。
（T・Sさん）**

おわりに

5年前の、ある晴れた冬の日。
自宅から出た2tトラックにほぼいっぱいのガラクタを処分して、
すっかりキレイになった部屋から、ふと窓の外に目を向けた時のことでした。
それまで私が見ていた、どんより黄みがかったものとはまったく違う、
青く、どこまでも透明で、クリアな空がそこには広がっていました。

家中が片づいていて、ムダなものやよどみがなく、心地よい状態になると、
人の心もまた、すっきりと風通しがよいように整うのでしょう。
その日以降、世界がガラリと変わり、
すべてのできごと、すべての人との出会いが
私にとって喜びに満ち、輝くものになったのです。

みなさんにも私と同じような感動を体験していただきたい、
心からの笑顔を取り戻してほしいと願いながら、
数多くの家庭の片づけをお手伝いしてきました。

今回、この『心も整う「捨てる」ルールと「しまう」ルール』を通じて、
より多くの方たちに片づけの楽しさ、「捨てる」ことから生まれる豊かさを
お伝えできたのは最高の幸せです。

みなさんも、この本を参考にして、ぜひ片づけにチャレンジしてください。
そして、部屋がスッキリと整理できたら、空を見上げてください。
あなたの目にもあの日の私と同じように、クリアで美しい空が映るはずです。

最後に、何の取りえもない主婦だった私が、
このような素晴らしい本を出すことができたのは、
いつも私を支えてくれる家族やインブルームのスタッフ、
集英社の皆様のおかげです。改めて感謝申し上げます。
また、最後まで読んでくださった皆様にも、御礼申し上げます。

これからも皆様の笑顔のために、日本中をキレイにしていきます。

整理収納アドバイザー　中山真由美

整理収納アドバイザー
中山真由美

インブルーム(株)取締役、整理収納サービス事業部責任者。整理収納アドバイザーとして、個人からマンション・不動産業までの収納コンサルティングや、セミナー講師などを行っている。子供の頃からの「捨てベタ」「しまいベタ」を克服し、今や予約のとれないカリスマ整理収納アドバイザーとして活躍中。LEEには2010年４月号に初登場。３度特集が組まれ、毎回、読者からは「わかりやすい」「実践的！」と大反響を呼んでいる。

撮影／大和ちひろ　出原和人
山下コウ太　永躰侑里
イラストレーション／北村 人　こさかいずみ
スタイリスト／真瀬寛子
ヘア＆メイク／鈴木京子(ロッセット)
ブックデザイン／海野光世　斎藤由佳
取材・構成／浦上泰栄

心も整う
「捨てる」ルールと「しまう」ルール

2011年11月12日　第１刷発行

著者　中山真由美
発行人　大久保徹也
発行所　株式会社　集英社
〒101-8050　東京都千代田区一ツ橋2-5-10
電話　編集部03-3230-6340　販売部03-3230-6393
読者係03-3230-6080
印刷所　大日本印刷株式会社
製本所　共同製本株式会社

ISBN978-4-08-780602-1 C2077